たった1人からはじめる
イノベーション入門

OMRON

始于改变

欧姆龙式
团队创新法

[日]竹林一 —— 著

贾仕琪 —— 译

中国科学技术出版社

·北 京·

Original Japanese title: TATTA HITORIKARA HAJIMERU INNOVATION NYUMON
Copyright © Hajime Takebayashi 2021
Original Japanese edition published by Nippon Jitsugyo Publishing Co., Ltd.
Simplified Chinese translation rights arranged with Nippon Jitsugyo Publishing Co., Ltd.
through The English Agency (Japan) Ltd. and Shanghai To-Asia Culture Co., Ltd.
Simplified Chinese translation coptyright 2022 by China Science and Technology Press
Co., Ltd.

北京市版权局著作权合同登记　图字：01-2022-4009。

图书在版编目（CIP）数据

始于改变：欧姆龙式团队创新法 /（日）竹林一
著；贾仕琪译 . — 北京：中国科学技术出版社，
2023.5
　ISBN 978-7-5046-9985-5

　Ⅰ . ①始… Ⅱ . ①竹… ②贾… Ⅲ . ①企业管理
Ⅳ . ① F272

中国国家版本馆 CIP 数据核字（2023）第 035326 号

策划编辑	申永刚　赵　霞	**责任编辑**	赵　霞
封面设计	马筱琨	**版式设计**	蚂蚁设计
责任校对	焦　宁	**责任印制**	李晓霖

出　　版	中国科学技术出版社
发　　行	中国科学技术出版社有限公司发行部
地　　址	北京市海淀区中关村南大街 16 号
邮　　编	100081
发行电话	010-62173865
传　　真	010-62173081
网　　址	http://www.cspbooks.com.cn

开　　本	880mm×1230mm　1/32
字　　数	100 千字
印　　张	6
版　　次	2023 年 5 月第 1 版
印　　次	2023 年 5 月第 1 次印刷
印　　刷	北京盛通印刷股份有限公司
书　　号	ISBN 978-7-5046-9985-5/F・1104
定　　价	69.00 元

日清拉面、梦咖喱、回转寿司、屋顶啤酒花园、自动检票机……

这些商品和服务都有一个共通点，你知道是什么吗？其实，这些商品和服务都产生于关西地区。

那么为什么新事物都来自关西呢？

根据同样出生在关西地区的我的观察来看，主要有两个原因：

一个原因是，关西地区有很多闲逛的人。具体而言，闲逛的人犹如在花丛间来回往复的蝴蝶和蜜蜂，把雄蕊的花粉粘在雌蕊上助其授粉。可以说是自然而然地形成了开放式创新的"人际系统"。

"去见有趣的人""去体验新建立的商业模式""去逛好吃的店铺"等，只要有自己感兴趣的东西，这些人就会欣然前往。由此各种各样的创意就会产生乘法效应，从而引发创新。

另一个原因是，关西地区的思维方式拥有不同的"视角"。

"通过旋转的方式传递寿司会不会很有趣?""在楼顶天台上喝啤酒会不会更好喝?"等。这些事情现在看起来理所当然,但在当时正是这些人改变思考"视角",所以才会发生。而且我认为在关西地区,有很多人会用史无前例的"视角"来看待问题。

关于"视角"这一点,给大家分享一件我亲身经历的事情。

有一次,我去关西地区的一家公司洽谈业务。我跟公司前台说"我提前与社长有约,麻烦您通报一声",并把名片递给了前台的女性工作人员。那名女性工作人员认真地看了看我的名片问道:"不好意思,请问这个要念成长音吗?"我心想"要念成长音吗"是什么意思?结果她又问:"这个是读作'竹林'吗?"

我的名字是"竹林一",但她似乎把"一"当作日语中的长音符号了。我还记得当时她惊讶地回答说:"不不不,一般人无论如何也不会想到是'竹林一'吧?还真是角度清奇啊!"

直到现在,我也常常把这件事作为我演讲的素材(现在我也被人叫作"一先生"),所谓看待事物的方式大概就体现

在这种地方吧。更进一步说，这样的思考方式与创新也许存在某种联系吧······

欧姆龙的总部就位于关西地区，我现在的工作就是对成立的新事业和涌现出的新创意进行商业化评估。

长期工作下来，我深切地体会到"创新是一种结果"。但这并不意味着"结果就是一切"。

关于创新，我曾经听过这样一句话：

有人遵循自己的意志，抱有信念坚持不懈。志趣相投的人聚集在一起，产生新的价值。最后他人会给这个价值贴上"创新"的标签。

也就是说，没有人刻意抱有"我现在正在创新呢"的想法，而是"专注于自己想做的事情"，坚持不懈继而产生新价值。这个行为就被外界称为"创新"。

实际上，我自己从来没有过"试试创新吧"这种想法。只是抱着"这么做不是很有意思吗？社会也会更和谐的吧"的信念坚持至今。相信大部分被称为"创新者"的人也都没有"我想试着去创新"之类的想法吧。

并且，从抱有"信念"坚持不懈的意义上来说，创新是从一个人开始的。但是，一个人又是无法实现创新的，需要很多人的协助和支持才能使创新真正落地。

此外，在推动创新的过程中，会产生反对"改变"的声音，也会产生各种各样的争执。

本书将基于我的亲身经历展开，向大家介绍我在反复失败和成功的过程中总结出的实现创新的思考方式和方法，并分享我失败与成功的经历。

人在年轻的时候尤其容易碰壁，但你见过这些所谓的"墙壁"吗？当然，这个"墙壁"不是指物理层面的东西，而是无形的墙壁。有时候，只要改变看待问题的方式，就能跨越这些墙壁。

因此，我希望对创新感兴趣的读者，以及正在碰壁的读者来读一读这本书。

人活着，就是为了做自己想做的事。希望这本书能给这样的你带来迈出第一步的勇气。

第 1 章　万众皆可创新的时代　‖ 001

003_ "SINIC 理论" 所预测的 2025 年的未来

005_ "自律社会" 是每个人创造世界

008_ 未来不是 "预测" 的，而是 "创造" 的

010_ 通过创新解决 "社会性课题"

011_ 蒲公英理论 1.0—4.0

015_ 以大阪·关西万博会为起点，设计未来的日本

018_ 构建 20 世纪最大的 "站务系统"

022_ 通过使 "车站为街道入口" 创造新价值

026_ "儿童看护" 中的创新

029_ 通过创新，让世界更加热血沸腾

第 2 章　创新就是创造 "新轴心"　‖ 031

033_ 嘴上 "创新" 手上 "操作"

035_ "新轴心"即设计新的"世界观"

038_ 创新成败的关键在于如何描绘出优秀的"大设计"

040_ 你即将要做的事情会产生何种影响

042_ 拥有多项世界首创、日本首创技术的欧姆龙最厉害的创新

045_ 判断创意是"干""枝"还是"叶"

048_ 思考"新轴心"要基于事实

052_ 力争打造"九州第一的旅馆",用两年时间扭亏为盈

057_ 通过预测和推演思考"新轴心"

058_ "新轴心"有时会从颠覆既存轴心中产生

060_ 简单易懂的隐喻能让人对自己该做的事情产生认同感

第 3 章 创新始于"一点 WILL" || 065

067_ 创新源于"一点 WILL"

070_ 你有几个"兴趣口袋"

071_ "100 件想做的事情"

075_ 为什么向流星许愿能实现愿望

078_ 空无一物不刮风

081_ 风过之处潮流来

084_ 创新来自"秘密组织"——从封闭到开放

088_ "稻草富翁"科学化——创业者的思考过程"效果逻辑"

第 4 章　创新落地需要"人的参与、人的驱动"‖093

095_ 创新所需的"起承转合"四种类型的人才

098_ 你的六项核心能力中哪一项最厉害

102_ "起"是从 0 到 1 的艺术型人才

104_ "承"是描绘大设计的人才

105_ "转"是在从 1 到 N 的过程中实现效率最大化、风险最小

化的人才

107_ "合"是最后严格运行机制的人才

109_ 由"起承转合"人才创造的日本高速成长期

111_ 通过"起承转合"研修培育创新型人才

114_ 没有交流的地方就没有创新

118_ "个人情商"和"组织情商"

121_ "人的参与"也需要设计

124_ 通过开放经营会议减少矛盾

126_ 紧急情况时鸣锣召集管理人员

127_ 寻找"马克莱莱"

131_ 要进行创新，就会产生冲突

133_ 跨越"起承"与"转合"的对立面

136_ 在对方看来，我们是"抵抗势力"

138_ 碰壁时，将三个方法化为己用

142_ 最后站在擂台之上的人获胜

第5章　在"新轴心"的基础上继续实践创新　‖145

147_ 正因为不是所有的商品和服务都会成功——时机就是金钱

149_ 创新中的"千分之三理论"

152_ 创新需要"忍者精神"

156_ "灵魂出窍"俯瞰项目全局

159_ 用三年半征服东京地图

162_ "赚钱方式"也有策略

164_ 轨道旁边也有路

166_ 从惠比寿走到滋贺发现的"四件事"

后 记 ‖ 173

致 谢 ‖ 179

第 1 章

**万众皆可创新的
时代**

CHAPTER 1

"SINIC 理论"所预测的 2025 年的未来

时代潮流从追求效益和生产力的工业社会到最合理化社会，2025 年以后将会进入追求精神富足的"自律社会"。

在距今五十多年前的 1970 年，立石电机（现欧姆龙）在大阪万博会的国际未来学会上发表了"SINIC 理论"，并据此理论对未来进行了上述预测。

SINIC 是 "Seed-Innovation to Need-Impetus Cyclic Evolution"（种子革新至需求刺激的循环进化）的英文缩写。该理论的底层逻辑是科学、技术、社会三者之间相互作用，推动社会发展。

"要想通过事业解决社会性课题，创造更美好的社会，就必须率先创造社会需求。为此，人们需要预测未来的罗盘。"由立石电机的创始人立石一真及相关有识之士共同构

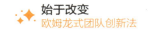

建的"SINIC 理论"至今仍是欧姆龙的经营罗盘。

该理论认为，我们的社会经历了原始社会，群居社会，农业社会，工业社会（手工业社会、工业化社会、机械化社会、自动化社会、信息化社会），转换进入最合理化社会。

在工业化社会阶段，人类得到了物质上的富足。但另一方面，将能源、资源、食物、人权等各种问题遗留给了后代。

在形成工业社会最终阶段的信息化社会，我们可以轻而易举地获取各种信息，与此同时随着各种信用卡结算的普及，人类进入了无现金时代。

现在从工业社会迈入了最合理化社会，社会价值观从追求效益及生产力的工业社会价值观，逐渐转换为进一步追求精神富足与人生幸福的价值观。

事实上，"安心""安全""健康""环境"也正是现在"SDGs"（可持续发展目标）的关键词。

在最合理化社会中，欧姆龙的医疗保健和环境业务领域的业绩显著增长，可以解决上述的社会性课题。

另外，我现在所从事的新事业物联网（IoT）数据流通市场等领域，也在朝着"让每个人都能解决社会问题"这一想法落地的时代方向发展。这是"SINIC 理论"预测范围之内的产物，也是推进最合理化社会的技术之一。

最合理化社会追求精神富足，在 2025 年左右会迈入一个新时代。那就是开头提到的"自律社会"，一个人人自由发展和他人共同协作并存的成熟社会。

用商业话术来讲，那是一个符合每个人价值观的商品和服务涌现的时代。

例如，不断推进符合每个人价值观的工作方式，自律分散系统，3D 打印相关的按需定制商品逐渐普及，社交网络上的交流增强，循环经济初步显现……"SINIC 理论"在 1970 年就对未来社会做出了上述预测。

"自律社会"是每个人
创造世界

在"自律社会"中，每个人都理所应当地追求最佳的幸福和价值。

话虽如此，但幸福并不是唾手可得的东西。正如"自

律"一词所示，重要的是每个人都在自律地朝着自己的本质性幸福和价值行动。

描绘自己的生活方式，设定实现的目标，不断磨炼自己，在超越目标的同时成为"理想的自己"。只有通过自己制定的规范来约束自己，才可以真正地实现让心愿落地。

在我看来，今后的世界是由一个又一个这样的人共同创造的，并且公司、地区乃至国家都会变成自律驱动的组织。

换句话说，**在今后的世界里，每个人都在思考问题，志同道合的人聚集在一起进行创新**。未来将会是一个这样的时代。

2025 年"自律社会"将会初见萌芽，同年还将举办大阪·关西万博会。巧合的是，"SINIC 理论"就是在 1970 年，即上次举办的大阪万博会的国际未来学会上所提出的，这可以说是一段奇妙的缘分。

这种缘分并未止步于此，在冲绳国际海洋博览会举办前一年的 1975 年，我们进入了"SINIC 理论"中所说的信息化社会。据观测，在爱·地球博览会举办的 2005 年，我们已经进入了最合理化社会。

也就是说，每一个"SINIC 理论"中预测的时代节点，日本都在举办万博会。

2025 年将再次举办大阪·关西万博会，社会将迈入"自律社会"，日本的商业结构也将因此发生变化。

正如前面提到的，"SINIC 理论"认为科学、技术、社会相互作用，推动社会发展。也就是说，随着科学和技术的不断进步，社会也会在此影响下发生变化。接下来，社会变化也会催生出新科学，诞生新技术。

例如，5G 和 VR（Virtual Reality/ 虚拟现实）、数据流通、应用于无人机的各项技术，它们切实地突破了人类过去所受到的物理层面限制，预示着一个更加便捷、自由和激动人心的社会即将到来。

而刺激上述技术诞生的就是"自律社会"。

回顾过去，工业社会可以说是一个以整体最大公约数的幸福为基础，注重合理便利的社会。工业社会提供面向多数人的商品和服务。随着各种社会性课题日益凸显，更适宜的环境逐渐受到人们的关注。

我认为，在未来的"自律社会"中，每个人，乃至包括周围的生态系统在内，都将追求各自最佳的幸福，每个人都能创造出新价值。

因此，支持特定个体自由生活的商品和服务，最终也会被消费者所接受，并且此类商品和服务来自每个人自身的经历。

每个人通过开发商品和服务，面对世界采取行动，创造新的价值。让世界变得更好，这本身就是改变世界的创新。

创新不仅存在于新事业的开发过程中。**在各种各样的工作场合中使用新方式创造新价值，也是一种创新**，后文会展开详述。也就是说，不是只有技术人员和从事经营企划的人才可以进行创新。

因此，**每个人都有创新的可能性**。让我们每个人都成为创造者，将未来建设成一个热血沸腾的社会吧！这本书就是为这样的你而写的。

未来不是"预测"的，而是"创造"的

我第一次接触到"SINIC 理论"是在入职欧姆龙后不久。

再加上当时我被分配到研究所的开发中心工作，所以经常见到此理论。

我当时就觉得"这不仅仅是在预测未来"。我感受到了创始人的强烈愿景，"未来会变成这样的世界，所以这样做吧"。**未来不是"预测"的，而是"融入意志"靠我们创造出来的。**

因为"SINIC 理论"就源于欧姆龙创始人的问题意识，即"要想通过实业解决社会性课题，创造更美好的社会，就必须率先创造社会需求"。

也就是说，他的主要目的不是预测未来，而是通过实业来解决未来可能出现的社会性课题。

想象一下，"SINIC 理论"建立于 1970 年，当时正值工业化社会。在经济高速增长的过程中，公害等各种各样的问题层出不穷，遗留了大量的问题。

如果在当时的背景下展望未来，大概会思虑纷繁吧。我想正因为如此，才会有"要创造这样的未来"的"意志融入"。

事实上，欧姆龙以"SINIC 理论"为罗盘，基于理论融入意志，才使业务得以发展至今。

此外，欧姆龙还有一个人文科学类的智库——人类文艺复兴研究所。它面向未来，基于"SINIC 理论"推进对未来社会的研究。由于该智囊团现在与我在同一个部门，所以"SINIC 理论"又再次吸引了我的注意。

虽然有人对国家的未来持悲观态度，但我认为未来是可以通过"融入意志"而发生改变的。我想这也是各种创新之所以会存在的原因吧。

通过创新解决"社会性课题"

欧姆龙始终致力于"解决社会性课题"。因此，欧姆龙并不推崇"单纯为了盈利而生产和销售商品"的行为。欧姆龙的理念是回答"创造一样商品，能够解决什么样的社会性课题"，这才是创造商品的初衷。

例如，1964 年欧姆龙开发的"电子自动感应信号机"就是代表之一。当时正处于经济高速增长期，拥有汽车的人数迅速增加，随之出现了道路持续堵塞问题。令人痛心的交通事故也不断增加，成了严重的社会问题。

为了解决这个问题，欧姆龙在道路下方埋入感应器以确定汽车的位置，根据交通情况控制红绿灯，完成了电子自动感应信号机。1964 年，该信号机在京都市河原町三条的十字路口试验成功，同年应用于东京九段三丁目的十字路口。

此后欧姆龙继续推进开发信号机，为现在的交通管理系统打下基础。可以说电子自动感应信号机这一创新是解决了社会性课题的代表性示例之一。

说到"创新"，人们很容易联想到一个企业不断推出划时代性商品和服务，**但原本创新的作用不就是为了解决存在的社会性课题吗**？

蒲公英理论 1.0—4.0

我刚开始进入欧姆龙（当时为立石电机）时是一名工程

师，创立了很多新业务。之后接到上级要求，"你去做公司的管理工作吧"，于是我作为代表参与了软件公司的结构改革。

当事业刚有起色时，我又接到上级要求，"生产公司处于亏损状态，你去想办法解决一下"，于是我开始着手重新整顿生产公司。

当生产公司终于实现盈利，我又接到命令，"今后是医疗保健的时代！你去开创医疗保健服务业务吧"。

当所谓的医疗保健服务业务走上正轨时，"今后是开放式创新、IoT 的时代，回来干吧"的命令接踵而至。就这样，我拥有了丰富的经历。

有时候，我的妻子形容我的工作经历就像"蒲公英的绒毛一般"，我认为这个形容十分恰当。

蒲公英的花开了又谢，变成带着绒毛的种子团，风一吹就会被吹走，落到不同的地方开花。如果再有风吹，就会继续被吹到另一个地方。

我也像蒲公英的绒毛一样，被吹到完全不同的市场，遇见不同的人和不同的上司。刚开始的时候，我想尽办法不让自己飞出去。

但无论多么努力，只要有风来，蒲公英的绒毛就一定会随风走。所以我的想法就变成了"在风吹到的地方继续开花不就好了吗"？从那以后，我就把这样的工作经历称为"蒲公英理论"。

公司无论好坏，都会给我们各种各样的难题。

我本来就擅长软件开发，如果能让我一直从事软件领域的工作，或许也很不错。

但随风一吹，我成为生产公司的管理者，有了各种各样的学习经历，比如在生产现场了解实际情况，等等。

有一种说法将"人、物、财"统称为经营资源，公司不仅是拓展个人自身可能性的地方，也是赚取生活所需钱财的地方。并且，公司还是能够通过运用"人、物、财"来实现个人梦想的地方。虽然不断有风吹来，但没有比公司更令人感激的地方了。

相反，如果一味"置之不理"，保持以往的经历并平淡地重复同样的事情，也许人生就会变得毫无刺激。

我的"蒲公英理论"随着时间的推移不断更新，现在已经到了 4.0 版本。

最开始的"蒲公英理论 1.0"是在学生时期形成。当时

的我沉迷绘画，希望成为一名设计师，目标是考上美术大学。

"蒲公英理论 2.0"是在工程师时期形成。我入职了欧姆龙，手中的画笔变成了键盘，专注于软件设计。在软件开发的过程中，我始终追求设计完美的软件结构。

"蒲公英理论 3.0"是在商业设计师时期形成。我通过建立新事业和经营公司来进行商业设计。通过建立公司和整顿管理，我得以能够亲身设计商业和管理模式。

"蒲公英理论 4.0"时期终于超越了第三次的成人礼，我借助多方智慧和力量，设计出了能够不断产生新价值观和创新活动的社会体系。

具体来说，这并不是设计单个商业模式或经营模式，而是设计能够在公司内部持续产生创新的结构，是设计社会结构本身。

作为京都大学经营管理学院的客座教授，我发起了一个"京都造物谷构想"项目，希望通过研究和实践创造出"能够将诞生和孕育创新持续一百年的城市"。

我将在下一节中详细介绍关于 2025 年大阪·关西万博会之后的社会设计。

2—5 年微风轻拂，10—20 年大风不断，每次都会给我带来不同的学习经历，遇到不一样的机缘。绒毛所到之地，收获的都是珍贵的宝物。

以大阪·关西万博会为起点，设计未来的日本

据"SINIC 理论"预测，2025 年举办大阪·关西万博会的同年将会进入"自律社会"，开启新时代。至少从现在的情况来看，"自律社会"的萌芽已经开始显现。也就是说，日本的商业结构将会发生变化。

大阪·关西万博会可以称之为标志（中间目标）了。因此"2025 年的万博会是否能够成功举办"固然重要，但与之相比，如何以万博会为契机改变社会其实才更加重要。

我希望通过 2025 年这一时间点，构想出"将未来的日本建设成一个什么样的国家"。并在万博会时期以此为基础进行设计。

于是，我和以电视台工作人员为代表的媒体相关人士，

以及风险投资公司的社长等人开始了秘密结社式的"幕后万博会"活动。

如果能在大阪的梦洲①动员目标人员完成 KPI（Key Performance Indicator/ 关键业绩评价指标）的话，幕后的万博会就算是成功了。

假设万博会举办期间为与会者空出了一周假期，我觉得可以首先安排梦洲一日游，剩下的六天安排日本全境游。这样一来万博会就能够跨越时间和空间，与每个人的价值观相契合，给与会者留下深刻的印象。

除上述内容以外，幕后万博会的成员们还深入地讨论了2025 年后该如何建设日本的问题。

2019 年 12 月，我在京都发起了"幕后万博会"的决议集会。如果没有正式的名称，仅凭"幕后万博会"这一暂定名是无法得到支持和赞助的，于是我们对外正式将之命名为"NEXT NIPPON（明日日本）执行委员会"（顺便提一下，幕后万博会刚成立时的名称为"极密结社万国惊奇博览会"）。

经此一事，"幕前万博会"——经济产业省和近畿经济

---

① 日本地名，位于大阪港。——编者注

局等相关负责人、万博会协会派遣的年轻力量等向我们伸出了援助之手，我们成了 PLL 委员（2025 年日本国际博览会协会 People's Living Lab/ 人类生存实验室的有识之士委员）。

当时我个人的想法是，除"Society5.0［通过融合了网络空间（虚拟空间）和物理空间（现实空间）的系统，解决经济发展和社会问题，是以人为中心的社会（Society）］"和"SDGs"以外，还需要增加一项。

根据"SINIC 理论"，SDGs 形容的正是最合理化社会。那么未来大概就是"自律社会"了。

如果本次的万博会意在表明今后日本将引领世界的话，那么我认为应该在万博会上提出能够改变世界的"自律社会"理论。

另外，科技进步让社会变得更加便利。但另一方面，打动人心的因素却越来越少。

所以我认为本次万博会应该兼顾"便利"与"感动"。换句话说，我认为万博会的作用就在于设计出促进个人自律的"便利"与"感动"。

当万博会正式地付诸实施之后，凝聚了各位出色制作人的共同成果将被"幕前"工作委员会所采用。

因此我决定将幕前万博会的工作交给对方，将如何在"幕后"改变世界作为了"蒲公英理论 4.0"的课题留给自己。

我认为通过跨行业合作产生新业务等措施，也有利于构建我们所设想的物联网数据的流通结构。

在日本，成立百年以上的企业多达两千万家。如果能按照主题来分类设计，把这些老字号企业和万博会结合在一起，那将会发生多么有趣的事情啊！

老实说，讲到这里已经超越了一个公司职员的工作范畴，我自己也能感受到这一点。通过与这样的机制合作，有可能为社会和公司带来新的商业模式。我从一开始就认为即使只有一个人也能创新，并以此开始了和各位有识之士的行动。

构建 20 世纪最大的"站务系统"

前面一直都在谈论未来，可能有人会觉得不切实际，所以下面我想谈谈至今为止我实际参与过的创新项目。

现在在日本只要你有一张 IC 卡，那么上至北海道下至冲绳的铁路交通工具都可以任意乘坐。事实上这最早起源于 2000 年欧姆龙开发的"站务系统"。

提到 PASSNET，相信很多人的第一反应是"啊，是说那张卡吧"。确实如此，它是在 2000 年 10 月，由关东地区 17 家公民铁路公司局同时导入的通用磁卡系统。

在 PASSNET 出现以前，每条铁路都要分别使用不同的车票和月票，乘客使用起来很麻烦。

另外，为了方便乘客使用，铁路公司方面也开始考虑用一张卡来应对不同电力铁路公司之间的相互换乘。为了解决这一课题，PASSNET 的构想应运而生。

1967 年，欧姆龙在全世界率先开发了自动检票机，作为站务系统开发方面的先驱者，积累了丰富的经验。但是，即便是对于使用通用磁卡站务系统的欧姆龙来说，这也不是一个简单的项目。

当时被委派负责这个项目的正是我本人。

当时我作为 SE（System Engineer/ 系统工程师），着手开发站务系统。虽然以前我也担任过项目经理，但接手体量如此巨大的项目还是头一回。说实话我的心里很没底，总是心

想"这下糟糕了"。

那么这个项目到底难在哪里呢?

首先,这个项目涉及多家铁路公司,横跨整个行业,不管做什么都需要在各个公司之间互相协调。

其次,各个铁路公司使用的电脑、检票机和售票机等站务机器各不相同,在开发系统时除统一磁卡系统样式以外,还需要符合各电力铁路公司的特殊要求。

而且,在开发多个业务系统的同时,还要应对"千年虫"问题① 和多次的运费调整,课题堆积如山。

最终,我们运行了 600 个项目,设计了一套拥有 430 万个步骤的程序,整个设计周期持续了大约一年。

首先我们花了三个月的时间召开了彻底的作战会议。为了管理 600 个项目,我们从各部门抽调了一位顶尖的系统工程师,详细制定出了能够最有效地推进工作的机制。

在此基础上,我们又建立了纵横矩阵型组织。

---

① 指在某些使用了计算机程序的智能系统中,由于其中的年份只使用两位十进制数来表示,因此当系统进行(或涉及)跨世纪的日期处理运算时就会发生错误,进而引发各种各样的系统功能紊乱甚至崩溃。——编者注

一个组织是由严格负责铁路公司 QCD[1] 事务的项目经理组成。他们主要负责在交付截止日期之前顺利交付主机、车站计算机、自动检票机、售票机、结算机等设备。

另一个组织由只对个别站务机器设备负责的项目经理组成。在这个组织中，有很多小组组长，例如售票机小组组长是对所有电力铁路公司的售票机开发项目负全责的负责人，他负责通过覆盖各电力铁路公司的各种机器的开发方案，并管理进度。

负责电力铁路公司的人和负责站务机器的人，共同组成了纵横矩阵，工作范围覆盖了所有的项目。在此基础上设置项目管理办公室（后文简称 PMO），我们想尽办法不使这花了三个月时间酝酿出来的作战计划出现任何偏差。

作为其中的一环，我们制作了一份征询表，让 PMO 的成员下沉到现场，不断询问工作人员"有没有担心的地方"。

由此，通过项目经理汇总上来的表单信息和 PMO 成员从现场收集回来的信息，就可以提前解决工程中可能遇到的问题和困难。

---

[1] Q 指 quality，品质；C 指 cost，成本；D 指 delivery，交付，是生产管理工作中的术语。——编者注

最后，我们在上线前一个月就顺利完成了所有项目的主体。甚至还有时间进行二次测试，上线后也几乎没有被投诉，取得了圆满成功。

自此一直到全日本的铁路都可以用一张卡乘坐，一共花了 13 年的时间。这是一个异常艰难的项目，但对我来说却学到了很多东西，可以说是我第一次参与了改变世界的创新工作。

通过使"车站为街道入口"创造新价值

在 PASSNET 项目开始步入正轨后，我受当时公司总裁之命，在推进 PASSNET 工作的同时，又开始了一个新的项目，即建立一项新业务。

当时以 i-Mode 为代表的移动电话 IP 连接服务（即支持使用移动网络的移动电话）迅速普及，出现了以 Suica 和 PASMO 为代表的非接触式 IC 卡。

两者终会进一步发展，彼时将会是怎样的世界？在此之前，我们能创造怎样的顾客价值？找到这些问题的答案是我接手的这个项目被赋予的使命。

其实，非接触式 IC 卡的出现对我们来说也是一种威胁。

欧姆龙在 1967 年开发出了世界上第一台自动检票机，并获得了多项专利，因此即使其他公司生产同样的机器，欧姆龙也能获得专利收入。

这种自动检票机使用了机电一体化的先进技术，例如，如果一次放五张车票，在人通过检票机的短短时间内，机器就能确认这个人是否正确付钱。

这样的价值得到了广泛认可，而且包括供货后的维护业务在内的相关业务也得以建立。车站工作人员可以从繁重的体力劳动中解放出来，上下车的乘客也可以更加方便，从这一点看来，对乘客来讲也是非常有意义的。

但是，非接触式 IC 卡的机器在不具备先进技术的情况下也能正常工作，因此价格也会相应下降。

于是，应该如何应对这种情况成了这项事业的大命题。

很快，包括我在内的七名公司成员集合在一起，开始探寻可能成为事业突破口的创意。

虽然大家提出了各种各样的创意，每一个作为单个商品来看都非常独特，但却不足以形成像树干一样的商业模式。为此，高层多次退回企划，要求我"再考虑一下这项业务能成为树枝、树干还是树叶"。

于是，我们七人拼命思考"事业的'新树干'到底是什么"。虽然不断地开脑洞，但怎么也找不到答案。在这种状态下，"事业的主干是什么啊"让我烦恼不已。

突然某一刻，我切换到全局视角，开始抽象化思考"车站到底是什么"和"车站"的概念。比起寻找与车站完全不同的商业模式，为什么不从我们原本就引以为傲的"站务系统"入手呢？

又继续烦恼了六个月左右，事情终于在一天早上迎来了转机。

当时是在上班途中，我顺路去了新宿站。从新宿这个"车站"到新宿这个"街道"，数百万人出站离开，人潮从车站流向街道。也就是说……

"原来如此！"在那一瞬间，我突然明白了。我们一直认为"车站是铁路的入口"。事实上"车站是铁路的入口"没错，但转念一想，"车站不也是街道的入口"吗？

于是，新事业的"轴心"即将车站变为街道的入口。

- 以车站为中心打造安心、安全、环境友好的街道

- 自动检票机是连接街道和人员的媒介

这样一来，不就可以从新轴心重新诠释站务系统事业了吗？对于从"车站"到"街道"的人来说，不是正好为他们提供了新的客户价值吗？

"将车站变为街道入口的业务"就这样诞生了。这项业务将月票的 ID 号码与乘客的手机邮箱地址绑定起来，在乘客通过自动检票口时向其发送信息。

在"将车站变为街道入口的业务"中，最开始的想法是将自动检票机作为一种全新的媒体，通过发送信息和广告将"车站"和"街道"连接起来。

月票中记录了使用者的年龄、性别、上班或上学的路线等信息，因此首先需要征得每位使用者的同意，在此基础上将这些信息和自动检票机连接起来，那么使用者检票进站和出站的地点都会一目了然。

这样一来可以做什么呢？答案是，传统媒体无法实现的"情景营销"终于成为可能。

"儿童看护"
中的创新

假设在你感到饥饿时，手机邮件突然收到了周边餐厅的优惠券，你会怎么做？相信有很多人会想"既然有优惠券，要不去看看吧"。

这就是一种针对"感到饥饿"的情景，促使个人行动的"情景营销"。我们下一步希望实现的媒体营销也是相同的原理。

例如，在乘客等车的间隙通过邮件向其发送可以用来消磨时间的信息，在乘客上班上学途中出站时，向其发送所属街道的优惠信息。在信息中加入优惠券，就可以通过广告获取利益，于是铁路广告代理公司、大型广告代理公司等也纷纷参与进来，想要创建一个全新的媒体。

但当我们立即试着和各个铁路公司沟通时，并没有得到很好的反馈。因为我们平时工作接触的都是铁路公司的营业部门和采购部门。因而即便和他们谈论广告的事情，从对方的立场来看也会觉得"不要和我们谈论这么复杂的话题"。

在同一家铁路公司中，流通总部、广告总部、铁路代理公司都是广告投放的窗口。

虽说我们和铁路公司的人已经合作了几十年，但打交道的都是对方的营业部门和采购部门，几乎没有机会与战略部门的人进行接触。正当我不知如何是好的时候，我的人生导师——服务科学的老师给了我一个建议，"写一本书吧"。

他说将那本书寄给铁路公司的社长应该可以获得见面机会，于是我就写了《已经到了这一步——移动营销进化论》一书。我将自己所有的想法都写进了这本书里，并以销售工具的名义将书寄给了铁路公司的社长。

正如老师所说，我获得了与铁路公司高层负责人见面的机会。见过面后，对方说："我会把负责的董事介绍给你，你们去谈谈吧。"由此，我打开了商业变现之路。

这似乎是铁路公司完全没有想到的创意，当时他们也在探寻客运收入以外的盈利方式。

此项服务从关东地区开始推行，但令人遗憾的是未能实现盈利，最终以广告模式退出了市场而结束。

最大的障碍在于当时还在使用磁卡。

如果是非接触式 IC 卡的话，除非丢失，否则一旦购买就可以一直使用。但是，磁卡能容纳的信息量很少，而且磁卡以月票为基础，每六个月必须更新一次。也就是说，客户必须再次办理入会手续。

除此之外，还存在一些技术层面的问题，最后这项事业只得停止。

但是我们并没有放弃。下一步，我们从"如果车站是街道的入口，那么以车站为中心，不就可以建设一个安心、安全的街道了吗"为构想，推出了"儿童看护服务"。

这个想法酝酿已久，主要是在孩子上学和放学通过车站闸机口时，将相关信息以邮件的方式发送给其父母。也就是一项可以代替父母看护孩子的服务。

例如，当妈妈和朋友在车站附近喝茶时，收到了孩子出站的信息，就可以与朋友告别，"时间差不多了，我家孩子已经到了，现在去车站接他"。这个机制现已被很多铁路公司所采用。

前面介绍了"PASSNET"和"将车站变为街道的入口"这两个项目，前者是完成目标型项目管理方式，严格遵守 QCD

交付商品。后者则是探索目标型项目管理方式，"着眼于社会变化进行探索"。尤其是后者的难度更高，但也更有趣。

通过创新，
让世界更加热血沸腾

都说"人生 100 年时代"，在这个时代搞不好"自己的寿命"比"公司的寿命"还长。而且那些维系公司长达 20 年、30 年的价值观、制度、商业模式也会开始过时。在这样的社会中，应该如何生存呢？

在我看来，应该通过创新，打造一个更加热血沸腾的世界。

为什么这么说？因为在当今社会，随着技术的进步，便捷的事物越来越多，却没有令人兴奋的东西。因此，我经常在演讲和研讨会上说"便利曲线在上升，感动曲线却在下降"。

京都大学的川上浩司老师提出了"不便有益"的观点。的确，就像攀登富士山，如果乘坐电梯到山顶，不管有多便利都会失去登山的乐趣。

并不是说便利不好。不断消除不方便的地方，不仅能提高效率，变得轻松，还能降低商品的生产成本。发现生活和工作中的不便，思考新机制也是一种创新方式。

但是，如果要展望 2025 年以后的"自律社会"，**除了从便利的角度出发，还要从感动的角度出发去思考创新**。因为"自律社会"的常识就是"自己创造自己的幸福"。

我们每个人都有改变世界的能力。既然要改变，何不创造一个让你自己都热血沸腾的世界呢？下面我将介绍需要具备的必要条件。

2

第 2 章

创新就是创造
"新轴心"

CHAPTER 2

嘴上"创新"
手上"操作"

只有日本这个国家嘴上时刻喊着"进行更多的创新"！或在组织名称上加上"创新 × ×"之类的前缀。尽管如此，日本人一回到座位上就只会"操作"。

这句话出自我的一位在日本工作的印度裔美国朋友。他曾经在 Google、Facebook 等企业工作过，但他表示从未听过"创新"这个词语。

这句话恰如其分地形容了日本的创新现状。

的确，很多日本企业只顾着喊口号"创新从现在做起"！但要是有想要尝试新事物的人出现时，大多数人都会发出"这真是史无前例，还是算了吧""别多此一举"等声音。

当然，在我看来操作也很重要，这也是创新的一部分。但是，仅靠操作是不足以创新的。

那么，到底什么是"创新"？要求你"进行创新"的公司需要的究竟是什么呢？

20世纪著名的经济学家约瑟夫·熊彼特（Joseph Alois Schumpeter）的观点可以很好地回答这个问题。

熊彼特使用了"新结合"一词来概括创新的核心概念。他在1912年出版的《经济发展理论》（*Theory of Economic Development*）一书中提到"于是，我们所说的发展形态和内容是通过实现新结合来定义的"，并列举了五个例子。主要包括引入新产品、引入新的生产方法、开辟新的市场、获得原材料或半成品的新的供应来源、实现新的组织形式五项。

在此之前，日本大多把创新翻译为"技术创新"，但通过这五种情况可以看出，并不仅仅如此。

有时有人会夸大创新，表示："难道看到马车就一定要想到汽车吗！"

在我看来，如果大家在自己所在的公司**建立新机制、创造新价值，这都能算作创新**。

因此，就算不是技术人员，哪怕你是人事、总务、经理或者销售，任何人都可以进行创新。或者说，现在需要的正是在各个领域都不断地进行创新。

另外，欧姆龙内部明确地将创新定义为"创造社会需求、解决社会性课题"。

欧姆龙的创立者立石一真与熊彼特持有相同的看法，他认为对创新的理解应该更加广泛，除了创造社会需求、解决社会性课题，"如果通过新的方式带来了新的价值、新的事物，都可以被称作创新"。

结合上述前人的言论，如果要用一句话来总结我的创新观，**那就是"创新就是创造'新轴心'"**。

从新商品的策划开发到公司的经营重建，我都是通过改变现有的轴心，创造出新的轴心来实现的。

接下来，我将以"新轴心"为关键词，介绍创新实践方法及思维方式。

"新轴心"即设计
新的"世界观"

最近，我对创新的"新轴心"进行了深入的研究，其中一本名为《想要改变世界，就先扔掉"武器"吧》的书很具有参考价值。

这本书的作者是一名地缘政治学家和战略学家，他从国家战略的角度解读了"人生战略"，其中有一部分内容为我思考"新轴心"提供了借鉴，下面简单介绍一下。

他提出了"战略层次"的思考方式。书中提到，"战略"分为七个层次。从最上面一层开始，首先是世界观（Vision），依次往下是政策（Policy）、大战略（Grand Strategy）、军事战略（Military Strategy）、作战（Operation）、战术（Tactics）、技术（Technology）。

很多人对战略进行了深入研究，但却很少考虑到最上层的"世界观"。当今时代，社会的轴心和商业模式的轴心都发生了变化，所以只在既存轴心的延长线上思考战略是行不通的。正因为如此，思考以何种"世界观"为目标导向才越来越重要。

我前面提到的"新轴心"就是现在所说的"世界观"。换句话说，就是（**业务、项目、商品或服务**）**最初的存在价值是什么。**

举例来说，欧姆龙发明了自动检票机。但这只是为了减轻车站工作人员的负荷、缓解交通高峰、提高乘客便利性等解决社会性课题的手段之一。

因此，我们把问题上升至"战略层次"的最顶层，从"以车站为中心的新的社会性课题是什么""车站到底是什么"的视角来重新理解。这样一来，我们得到了新的"车站"的答案，并由此产生了"车站是街道入口"的"世界观"。

创造"新轴心"也就是设计新的"世界观"。

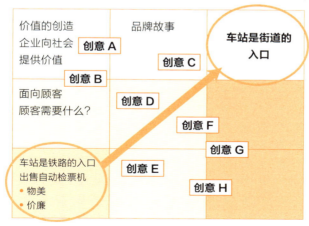

图 2-1　新业务的"轴心"

设计好"世界观"之后，下一步要做的就是将其具体化。

仅仅设定"车站是街道的入口"是不足以形成业务的，还需要思考"如果'车站是街道的入口'会产生什么样的业务呢"的问题。也就是降低"战略高度"。在这样的思考路径下诞生的创业之一，就是"孩子通过车站后，给家长发送电子邮件的看护服务"。

对于成为创新对象的课题，首先要思考"课题到底是什么"。接着明确轴心，这样即使在判断中出现困惑，也能毫不动摇地向前推进。

创新成败的关键在于如何描绘出优秀的"大设计"

说到"设计"，可能大部分人都会联想到时尚或平面设计，但其实在创新中，"构想设计"的概念也十分重要，因为"构想设计"的好坏决定了业务的成败。

毫不夸张地说，"构想设计"中的全局构想设计，即"大设计"更是决定了整个创新的成败。

我之所以会产生这样的想法，是因为我在 PASSNET 的项目中同时运行过 600 个项目。

当时，我们一开始花了三个月的时间，绞尽脑汁思考如何才能最有效地完成这 600 个项目。后来不仅没有出现大的问题，甚至在上线前还留有二次测试的时间，顺利完成了项目。

正因为一开始就很好地勾勒出了版图，"按照这样的顺序就能顺利推进"，所以工程师们也会积极配合。

但如果以"一共 600 个主题，加油吧"的毅力论盲目地开展项目的话，我认为肯定会失败。到时候问题多发，项目延误，不仅作为主要负责人的我会被开除，或许连整个事业部都将不复存在。

这份经历让我深刻体会了到业务中设计的重要性，以及当中的"大设计"等顶层设计的重要性。

我一般会把创新拆解为"起承转合"来解释（详见第 4 章），把"起"阶段中某种意义上的艺术妄想设计，落到可实现的东西上后就成了"承"的"大设计"。

完成了 PASSNET 系统和儿童看护服务项目后，我开始着手建立创业公司和管理重建经营不善的公司。其实我所做的事情都是一样的，那就是首先描绘出作为"新轴心"的"大设计"，由此获得更高的时效性。

你即将要做的事情
会产生何种影响

在本章一开始提到了我的那位印度裔美国朋友，他曾说"在海外企业工作多年，从未听过'创新'一词"。关于他，还有一件事让我印象深刻。

据他所说，在海外工作时经常会听到这么一句话："你现在所做的工作会带来什么样的影响？"

对于这个问题，他给出的回答是"我将搜索引擎的搜索时间缩短了几毫秒"，而听到这个回答，对方会说"这对世界来说真是了不起的影响呢"。

当他继续追问为什么时，对方说："因为你总共缩短了

几毫秒 × 全世界人口数量的时间呀!"

所以,与其问"进行什么样的创新",不如问"**你要做的事情,会给世界带来什么样的影响**",这样或许更容易理解。

例如,当你自己想要创新的时候,与其思考"这是创新性事物吗",不如思考"我现在要做的事情会产生什么样的影响呢",这会让你的目标方向更加清晰。

你的想法会对你的公司或者社会产生什么样的影响?开始时可以是一个小想法。当你在孕育这个想法的过程中,想想如何才能够产生影响。

由此可以使创新的种子生根发芽,长成粗壮的树干,最终枝繁叶茂,在这个过程中改变世界。

拿我自己举例来说,当时需要重建亏损的生产公司,并在三年内实现盈利,否则公司就会破产倒闭。当时的我只想着尽力完成,根本没有"我要进行创新"之类的想法。因为在做的过程中根本顾不上那样去想。我在演讲等场合结尾时会捎带说明"这是创新",仅此而已。

PASSNET 的项目对我来说也是一种创新。另外在"将车站变为街道的入口"项目中,改变车站的含义这一点我也

觉得是创新，因为提出了与以往不同的概念。

不需要用力过猛，从"我现在要做的事情会产生什么样的影响"出发去思考创新也是一种方法。

拥有多项世界首创、日本首创技术的欧姆龙最厉害的创新

虽说创造"新价值"都被称为创新，但欧姆龙作为一家技术公司，依靠技术发家并解决了多个社会性课题，迄今为止带来了多项创新。

例如，电子自动感应信号机、信用卡支付的自动售卖系统、自动检票机、在线自动取款机、彩色显示液晶计算器等，欧姆龙开发了众多世界首创、日本首创的技术。

而在我看来，欧姆龙最厉害的创新是人事制度的创新。

欧姆龙公司有一个"长期休假"制度，员工在担任管理职务的第六年，可以获得三个月的假期。当然是带薪休假，就算不去公司上班也可以拿到三个月的薪水。

而且想做什么都可以。我的一个前辈就借机去了蒙古，他说"想趁这个机会去看看蒙古游牧人民的生活"。

但是，刚开始实施这个休假制度的时候，很多位于管理岗位的人都不愿意向公司请假。

因为大部分人在担任管理职务之前已经连续工作了六年，几乎都是部门负责人。他们有着强烈的"自己是这个部门的支柱"的自负心理。因此，当被告知"可以休息三个月"时，他们会先入为主地认为"不行不行，我要是休息那么长时间，这个部门就没法运转了"。

然而，让他们休这三个月的假，不仅仅是有慰劳的意思。

之所以建立这样的制度，是希望他们能再次思考"你当初为什么要选择欧姆龙"这个问题。

相信在刚工作的时候，谁都是抱着"想在欧姆龙实现一番事业"的想法来工作的，否则也不会来欧姆龙了。

但是每天都忙于工作，成了管理者后，每天面对的都是"销售额怎么样""商品的质量是否符合一定的标准""生产力没有下降"等和实际利益相关的话题，很有可能会抛开自己原本想做的事情，埋头于当前的工作。

因此，设置这个休假制度的目的在于，让大家先放下手头的工作，认真想想"自己今后想在欧姆龙做什么"。

欧姆龙的厉害之处在于，通过三个月的带薪休假，让大家"寻找今后在欧姆龙想做的事情"。

也就是说，它也是一种暗示，"如果没有想做的事，你能为公司做什么"？不是为了工资而死守在公司里，而是为了实现"自己想做的事情"而工作。也可以理解为，公司希望员工都这样做。

这样一来，管理人员即使在休假也要仔细思考"今后自己在欧姆龙工作的意义"，并给出答案。

所以，如果在欧姆龙以外找到了其他想做的事，就没有必要回来了。刚才我所提到的那位前辈，貌似就很喜欢蒙古的生活，他就借此机会退休，选择了在蒙古生活。

他之所以能做出这样的决定，也是因为在"三个月"的时间里，认真思考了适合自己的最佳答案吧。我觉得前辈做出了对他自己而言很好的选择。

此外，上级管理层不在的三个月期间，对于留下的下属而言也是一种训练，让他们作为下一任领导的储备力量，更加自律地工作。

在我看来，这样的人事创新是拥有多项世界首创、日本首创技术的欧姆龙的内在支柱。

我曾经也获得过长期休假。当时得到的答案直到现在也是我工作的轴心，详细内容会在后文展开说明。

判断创意是
"干""枝"还是"叶"

迄今为止，我见过很多没有"轴心"的业务和没有"轴心"的项目。从中我切身体会到，**如果没有被确定作为公司主干的"轴心"，项目基本上很难顺利进行。**

我在欧姆龙工作期间，当时的上司——公司社长让我得到了很大的锻炼。他曾反复叮嘱我"在建立新业务的时候，要分清干、枝和叶"。

思考创意时也是如此。产出的创意相当于"干""枝"还是"叶"，结果大不相同。因此，**判断创意是"干""枝"还是"叶"十分重要。**

这是因为，"叶"的创意很容易因创意不足而告终，或者变为一项微不足道的业务。

另一方面，相当于业务"干"的创意，即表示业务方向的"轴心"一旦确定，就会成长为大项目。

因此，每当我向上级汇报创意时，总会被问道："这是'干''枝'还是'叶'呢？"

在我提出新的铁路项目时也是如此。

刚开始没有定下轴心时总是产出"叶"的创意，但当"车站是街道的入口"这一"干"的创意出现后，就接连产生了"创造一个新媒体，提供以车站为圆心的半径300米范围内的信息""提供保证街道安心安全的服务"等"枝"的创意。

例如，由"枝"的创意产生了"看护儿童服务"，这项服务解决了保护儿童的安全这一社会性课题，赢得顾客的一致认可。

"干"定下来后就会长出"枝"，然后从"枝"延伸出众多"叶"的服务（当然也包括散落的"叶"）。

那么应该如何判断一个创意是"叶""枝"还是"干"呢？答案就是在每次提出创意的时候，主动思考自己的创意是"叶"的创意、"枝"的创意,还是"干"的创意。

例如,假设"在新媒体上添加优惠券"是一个"叶"的创意,那么"创造一个新媒体,提供以车站为圆心的半径300米范围内的信息"就是"枝"的创意,"车站是街道的入口"就是"干"的创意。

由此可见,"枝"的创意产自"干"的创意,"叶"的创意产自"枝"的创意。也就是说,正因为确定了上述概念的创意,才更容易由此衍生出其他创意。

如果想要进行创新,首先需要找到"干"的创意,这一点很重要。

确定了"干"的创意,才能够明确"应该提出怎样的'枝'和'叶'的创意"。

以欧姆龙为例,欧姆龙拥有坚实的"干",即"创新就是创造社会需求,解决社会性课题",因此才能够在此基础上集中思考各领域的"新轴心"。

但是,如果在没有确定项目"干"的情况下提出创意,就没有标准去判断该项目是否可行。这就会导致判断过于个人化,有时甚至会造成重大的失败。

对于提出创意的人来说,相比于好的创意,更容易提

出让上司满意的创意，因而难以产生对项目来说真正必要的创意。

说到"创意"，你可能会觉得它很特别，但它其实开始于"一点 WILL（意志）"。从"我想做这样的事"的想法出发去思考"那为什么要实现呢"？接着就会产生"如果这样做会怎么样"的想法。

这时，再通过"叶""枝""干"的筛选，就能提炼出更准确的创意。

思考"新轴心"
要基于事实

当公司委派我重整九州地区的一家电子设备生产公司时，我做的第一件事就是**"寻找真相"**。

那家公司属于 EMS（Electronics Manufacturing Service，电子产品制造服务），主要负责从其他公司承接底板的生产等业务。然而当时的我对生产公司的业务一无所知，因此在着手重整公司之前，我首先去了解了全世界 EMS 的特点。

庞大的 EMS 中，曾经有过像鸿海精密工业这样的巨头公司，他们接受委托制造智能手机和平板电视，承担着全世界的生产任务。相反，也有一些日本的中小企业凭借特殊技术不断取胜。

由此可见，就我所寻找的答案而言，“进一步减少库存”“进一步提高生产性”“进一步提高品质”这些必要条件仍然不够充分。

在进一步收集数据的过程中，我找到了经济产业省发布的产业分类。在此之前，我一直以为 EMS 属于“制造业”，但它其实被划分为了“服务业”。

“服务业”这一分类对我来说是一个耳目一新的发现，是一个从新的视角反思的好契机。

仔细一想，在接受这项任务不久前，我担任社长的软件公司也属于服务业。于是我理解了领导为什么要让没有制造业知识背景的我来管理这家公司。

然而，公司之所以连续亏损，大多是因为**公司业务与顾客之间的轴心，或者与社会之间的轴心之间产生了偏移**。

也就是说，公司业务的规划已经过时，而社会需求发生了变化。

这家公司也是一样，尽管员工非常努力，但业绩始终不见起色。我认为，"问题出在将原本属于服务业的 EMS 的轴心放在了制造业上"。也就是说，"服务业"与"制造业"的认知差异导致了轴心产生偏移。

接着，为了收集现场的事实，我每天都亲自在现场进行巡视。

令人惊讶的是，尽管我们公司的地理位置并不便利，但来我们这里参观的顾客却络绎不绝。

顾客是来做什么的呢？他们一边拿着核对清单，一边专程来确认组装的过程，"这家公司能把我们的基板做得严丝合缝吗？"

也就是说，我们的公司不是一家"售卖制造的物品"的公司，而是一家"售卖制造物品的过程"的公司。

发现这件事以后，我开始问自己"如果说我们公司属于服务业，那么为了满足顾客需求必须要做的是什么呢"，我一边从现场收集事实一边不断思考着这个问题。

同时，当顾客来访问我们的公司时，我也会和所有的顾客进行交谈，询问他们的需求。

最后得出的结论是，我们公司属于"服务业"，归根结底和"旅馆"做的是一样的生意。

由此产生了"新轴心"，即"通过制造服务业，把公司打造成为九州第一的旅馆"。

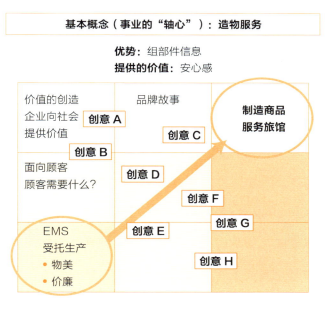

图 2-2　设计新的"世界观"

力争打造"九州第一的旅馆"，用两年时间扭亏为盈

那么应该如何成为"九州第一的旅馆"呢？

我认为首先需要"问候"。

我们的工作是"售卖制造物品的过程"，那么它从顾客到访的那一刻就开始了。这样看来，我认为"问候"是旅馆对客人最初的款待。

而且，如果我们是旅馆，作为旅馆老板的我自不必说，所有的员工也都应该对客人进行诚挚的问候。

但是，问候这种事情，即便发出"必须这样做"的指示，也不会有人去做，所以我率先带头，每天早上主动问候所有的员工。从我们的工厂的1号车间到7号车间，把所有部门都问候一遍至少需要三十分钟，但我每天都坚持这样做。

其次作为旅馆来说，整洁非常重要。因此在午休时，我会在工厂里来回转悠捡拾掉落的垃圾。

虽然在显眼的地方没有掉落垃圾，但停车场等客人看不见的地方还是有垃圾存在的。"还有这样的旅馆吗？"就这样，每天食堂的入口处都会摆放着"昨天社长捡到的垃圾"。这种做法相比于多次命令员工"彻底清扫"更有效果。这样一来，垃圾确实逐渐变少了。

为了使员工理解我们公司的"新轴心"——"旅馆"这一概念，我还专门与员工进行了谈话。

从在工厂现场焊接基板的工作人员，到销售和会计部门，我召集了所有的员工开午餐会议，一次 4—5 个人，和大家说明"我们公司为什么是旅馆"。同时也请教大家"在工作现场遇到了什么困难"。

这样一来，我逐渐清楚了大家的困难。其中很多人表示，自己虽然在现场组装了很多的基板，但"并不知道自己到底在制造什么"。

"EMS"的工作内容并不是制造单个相同商品，而是根据顾客的需求制造各种各样的基板。

例如，自己负责的生产线上出现了一块基板，就把 CPU（Central Processing Unit，中央处理器）贴在基板上，刚做出来 10 块，又传过来另一块基板，再组装另一个部件。

在这次问话之前，大家工作时根本不知道自己在制造什么东西。有时，我会问前来视察的客户："这是用来做什么的机器呢？"于是得到答案，"这个基板是用于农业相关的机器"。

还有一位客户在看到"原来是这些人在帮忙生产这个基板"后，将电视上出现的实际安装后的商品广告刻录成 DVD 并发送给我。我立即把它分享给了现场的每位工作人员。我试图尽可能多地传达出"我们的工作在社会上创造了这样的价值"的信息。

和员工分享了这些事情后，工作现场的积极性发生了变化。大家为自己的工作而骄傲，"那个产品是通过我制作的基板运转的"，于是更加卖力地投入工作，努力制造出更好的物品。

没有交流的地方就没有动力，没有动力的地方就没有创新。抱着这样的想法，我认真地和现场的每个人沟通，如果出现了问题，就逐个解决。就这样持续了两年，到了第二年的六月，在现场负责电子零件装备的一位女员工打来电话问我："请问今天有几位客户？""有三个人。还有我和董事会和客户一起过去，请提前告诉大家别忘了问候。"我回答道，然后把客户带到了我们公司的主厂区。结果发现门口摆着五双拖鞋。以前从来没发生过这种事！

"这是给我们准备的吗？"

被客户这么一问，我才意识到，"刚才打来的电话原来是这么回事啊"。

看到拖鞋后客户说："（你们公司）好像不一样了啊。"那时，我才真切地感受到我们公司终于开始具有"旅馆"式服务了。

在第二天的晨会上，我说："感谢大家昨天摆放拖鞋，客户非常地高兴！"大家也都非常开心。

晨会后的第二天，门口不仅摆放了拖鞋，还出现了手写的欢迎板和插花。

到了第三天，甚至为客户准备了专用卫生间。

从始至终我只提到过"旅馆"，但拖鞋、欢迎板、插花以及客户专用的卫生间都是现场的各位员工自主思考后的自发行为。这是所有人认同"旅馆"这一"新轴心"，并发挥自身作用的结果。

另外，或许是出于巧合，但我到现在还记得，在第二年六月，也就是摆放拖鞋的那个月开始，公司就实现了单月盈利。

创造"新轴心"的第一步就是收集事实。

通过尽可能地查阅文献，与了解该领域的人对话，倾听顾客的声音，在工作现场通过询问"有什么课题吗""有什么困难吗"等方式收集事实。

但是并不是收集了事实就一定会自然而然地出现"新轴心"。拘泥于既成概念的事实，并不能创造出核心竞争力。

收集事实后，要一边观察这些事实，一边俯瞰并抽象化一下现在所面临的待解决课题，"原本是怎么回事呢"？接着从由此产生问题的角度出发，试着对同样的事实进行具体化思考。不断反复这个过程就是创造核心竞争力的原动力。

图 2-3　创造富有激情的结构

通过预测和推演思考
"新轴心"

在谈到"创新"时，我经常用隧道工程来比喻"新轴心"的产生方法。

挖掘隧道时，不是从一个方向挖洞，而是从两边一起挖掘贯通。例如连接本州和北海道的青函隧道就是同时从青森和函馆进行挖掘，正好在中间位置实现贯通的。

实际上创造"新轴心"也是如此。

从融入了"想要变成这样"的构想开始，通过推演，思考待解决的社会性课题。另外，为了实现理想的未来，通过预测来思考现在该发生什么，应该如何去做。

从"未来"和"现在"两个方向进行挖掘，在正中间相遇处，即在"隧道贯通的地点"就能找到业务"新轴心"的线索。如果搞不清楚这中间部分，就难以找到引发创新的"轴心"。

正因为是隧道工程，所以从未来出发进行挖掘的人和团队与从现在出发进行挖掘的人和团队之间的交流就显得尤为重要。

如果不能很好地沟通，即便能够听到彼此在附近挖隧道的声音，却总也无法贯通。也就是说，成为不了事业。

创新的构想可以从一个人开始，但为了实现这个构想，相关的管理者需要具有让不同立场的人都参与进来的沟通能力。

其第一步就是，让**"从未来出发思考的人"**和**"从现在出发思考的人"**经常保持交流。

欧姆龙把能够迅速捕捉世界变化，并解决届时可能产生的社会性课题的新价值称为"社会需求"。

而弄清楚这个"社会需求的创造过程"就是我们最近的主要任务。通过推演和预测，以及从两极出发的思考方式都成为这项工作的重要突破口。

"新轴心"有时会从颠覆既存轴心中产生

"新轴心"也可以通过颠覆现有的轴心而产生。

"车站是街道的入口"这一"新轴心"就只是颠覆了"车站是铁路的入口"这一既有概念中的"铁路"和"街道"。

JR 东日本的"站内"也是一个很好的例子。它颠覆了现有的"店铺在车站前或车站外的大楼内"的思考方式，创造出了"新轴心"。

原本铁路公司是通过在车站的"外面"而不是"里面"引进百货商店和购物中心、建造住宅区等方式来吸引顾客的。以前，车站里能购物的地方只有小卖店，能吃的只有立食荞麦面之类的餐食。

"站内"就是颠覆了这种思考方式，在车站内部增设能够购物的店铺和餐饮设施。从结果来看，顾客不出站就能享受到饮食和购物的乐趣。

无论是"车站是街道的入口"的轴心，还是"站内"的轴心，虽然都是颠覆了以往的结构，但还是保留了以往的优势，仅仅改变了"轴心"。

一说到创造"新轴心"，你可能会觉得是一个很抽象的过程，但其实只是颠覆了以往的结构而已。

从结果上来看，无论是"车站是街道的入口"项目，还是重建生产受托公司的"旅馆"项目，回顾我所经手的"业

务轴心"的整个过程，其实都只是颠覆了结构而已。

所谓的创新，其实并不是在做什么非常难的事情，只要改变"轴心"就能实现。不要气馁，以轻松的心态去观察眼前的课题，不妨反转其结构进行思考，决定创新的"新轴心"，也正是由此而生。

简单易懂的隐喻能让人
对自己该做的事情产生认同感

"用 17 个字来概括你的愿景。"

这句话来自一位我非常尊敬的创业者。这句话的意思是，**比起几十页的战略资料，简单易懂的一句话更容易让人理解我们的意图**。并且，在向对方传达信息时，还有一点需要注意，那就是**转换成"能引起对方兴趣的语言"**。

让对方在听到的瞬间就产生"啊，原来如此"的认同感。越是这样的语言，就越能让他人理解你的意图并采取行动。因此"隐喻"十分重要。

隐喻是比喻法中的一种，是将事物的特征换成其他词语来表现的方法。"知识就是力量"就是例子之一。在这个例子中，通过将知识比作力量来表现其效用。

例如，在"EMS 生产受托公司是旅馆"这一"新轴心"中，"旅馆"一词就是对"EMS"的隐喻。如果把这句话换成"EMS 生产受托公司属于服务业，因此要用心做好周到的服务"效果如何呢？大概会有很多人觉得"虽然知道你在说什么，但是没办法产生认同感，也不知道应该怎么做"吧？

对此，使用了"旅馆"这个具象且简单易懂的隐喻，那么在"旅馆"工作的员工就能知道自己要怎样做才能让顾客高兴，更容易把它当成自己的事情并产生认同感。

此外，在雷曼事件① 发生时，我担任一家软件公司的总裁并改变了该公司的业务结构，当时我实施过一个名为"特洛伊木马大作战"的客户获取战略。

如同它的名字一样，这个战略是像"特洛伊木马"一样，首先要想办法获得客户的订单，把客户收入囊中，让客

---

① 2008 年，美国第四大投资银行雷曼兄弟公司由于投资失利，在谈判收购失败后宣布申请破产保护，引发了全球金融海啸。——编者注

户彻底高兴，从内部打开钥匙。

当时，这家公司在"创造知识引擎的公司"这一"新轴心"的指导下，试图摆脱以价格取胜（让多家客户以同样的条件报价）的软件受托模式。

其主要原因是在雷曼事件的影响下，过去我们从客户那里承接的工作都被成本更低的软件公司代替了。虽然我们也可以通过降低成本与之抗衡，但这并不是我们的目标。

原因之一是降低成本后利润也会随之下降，但最重要的是，我们的定位是"成为一家对于客户来说不可或缺的公司"。因此，我想打造一家能让客户持续取胜的软件公司。

因此，我确定了"今后不再做任何需要报价的工作"的方针，并让全体员工思考什么是可以成为事业根基的"新轴心"。由此诞生了"创造知识引擎的公司"。

总的来说，就是从只是帮助忙不过来的客户编程的软件委托产业，转变成能为客户的持续胜利提供"知识引擎"的公司，也就是说，主要任务是建立一家能够提供软件的架构（设计思想）的公司。

在这个主要目标的基础上诞生了"特洛伊木马大作战"

战略。

假设有一位客户无论如何都想构建一个大系统，但他表示"人手不够，请派 10 名程序员来"。这个时候，如果只是派遣 10 名时间合适的程序员，那么可以获得 10 个人的销售额，但一旦对方不忙了，这些人首先失去的就是工作。

我们要做的不仅仅是派遣程序员，更是要派遣几名优秀人才作为"特洛伊木马"，去讨论"让客户在业务中获胜的软件结构是什么"。他们的工作内容不是编程，而是讨论能够让客户在业务中获胜的软件架构，并抓住客户所面临的课题。由此根据抓住的课题和要求，从内部找到答案。这样一来，不仅客户会很高兴，我们也能继续为客户做更多的贡献。这种关系的构建就是"特洛伊木马"。通过这个战略，我们在没有报价的情况下就从很多客户那里获得订单。

说到"隐喻"，可能很多人会认为需要某种特殊的思考能力。但其实并非如此，"隐喻能力"也就是创造流行语的文案能力，阅读关于文案撰写的书籍就会有所受益。

另外，我还想简单提一下关于锻炼"隐喻能力"的方法。因为我是关西人，所以会从装傻和吐槽的感觉出发，尝试寻找符合当下情境的有趣的关键词。例如，如果是服务行业的话，"旅馆"一词比较容易理解；如果是从内部获得工作的话，就是用"特洛伊木马"一词来举例阐述。

第 3 章

創新始于"一点
WILL"

创新源于
"一点 WILL"

"怎样才能找到自己想做的事呢?"

我在大学的课堂和研讨会上,经常会收到来自学生、社会上的年轻人这样的提问。

在和他们交谈过后,我得出的结论是,不要过度地认为非要有"想做的事情"不可。或许是因为想得太复杂,抑或是定位太高,我感觉这就像是亲手将自己陷入困境中一样。

换句话说,**首先不要过分夸大"想做的事情"这件事。**

即使没有可能会得到他人称赞的"想做的事情",不也挺好的吗?

"对了,最近好久没跟朋友见面了。下周约个饭吧!"

这也是很了不起的"想做的事情"。说不定和朋友聊着聊着,就会从中产生更大的"想做的事情"。

可以说创新也是同样的道理。

无论是开发新商品和服务，还是改革组织，几乎所有的创新都开始于每个人"想要这样做"的"WILL"（意志）。也就是说，"WILL"是创新的根基和原动力。

首先，"个人的力量"可以大致分为 I believe（我相信）、I will（我将要）、I think（我认为）、I do（我做）四部分。

"I think""I do"大家应该都会吧。自己思考，自己行动。但是有时会存在"You think, I do"的人，即让老师或上司替自己思考应该做的事情。

这样的人升级一下就会变成"I think, You do"，即"我来思考你们要做的事情，你们按照我说的去做就行"，这样也不符合"个人的力量"。

第一，要认真做好"I think""I do"。

第二，这个"WILL"也非常重要。以多大的意志，要做到什么程度？是真的想改变行业吗？是真的想解决社会性课题吗？

有"WILL"的人会动真格。如果没有"WILL"只有"THINK"，就不会有真正的想法，那样的话还是放弃创新比较好。

另外，"WILL"太小的话，"THINK"也会变小。如果"WILL"变大，那么"BELIEVE"的重要性就会提高。就是在做的时候要相信"自己能行"。

但是，即使"WILL"很大，突然做大的"DO"也会容易失败。记住要以大处着眼，小处着手。

因此，首先了解自己的"WILL"是什么非常重要。弄清楚"WILL"之后，就会出现志同道合的人。再进一步给"WILL"加上逻辑和过程，就变成了共创商业。

话虽如此，却没有必要从一开始就觉得"我也必须要有一个高大上的'WILL'"，因为创新的契机往往来自"一点WILL"。"我要通过创新改变世界"，这种志气固然很好，但当你真正从小事开始做起自己觉得有趣的事情，"WILL"就会自然而然地出现。不过仅仅是纸上谈兵的话，可能并不会产生"WILL"。

如果你现在找不到"WILL"，也没有必要沮丧。因为所谓的"WILL"，通常来源于每天的一点点好奇心和发现。

你有几个
"兴趣口袋"

与创新息息相关的"一点 WILL"会从自己觉得有趣、喜欢的事情中产生。换句话说，头脑中积累的有趣的事情和快乐的事情越多，就越容易产生"一点 WILL"。

为此，有几个"兴趣口袋"非常有用。所谓"兴趣口袋"，是指大脑中有一个专门用来收集和整理自己感兴趣和关心的信息的虚拟口袋。

例如，假设你对 AI（人工智能）感兴趣，并且今后想要了解更多的相关信息，那么这个时候你的大脑中会生成一个贴有"AI"标签的"兴趣口袋"，并不断将有关的信息装进口袋里。

这样一来，在读报纸或杂志时、看电视时、听广播时、在大街上行走时，遇见与"AI"相关的信息就会被放入了兴趣口袋。在电车里的广告中，会有很多引人注目的报道，那是因为在那个人的大脑中已经形成了"兴趣口袋"。

以此类推，大脑中贴有符合个人兴趣标签的口袋会越来越多，比如"社会政策""新冠肺炎""儿童教育"等。

这样一来，即使和别人看的是同样的东西，也能接收到很多对自己来说感兴趣的、必要的信息。

教给我"兴趣口袋"这一思维方式的是一位我非常尊敬的人，他曾在一家国际大型咨询公司工作，现在在大学的商学院里教授战略学和领导力相关课程。

可能会有人说，不知道自己对什么感兴趣。但在有意识的思考时，我们所获得的信息的质和量与非有意识思考时相比，会有很大的不同。

此外，由此积累的知识和信息所触发的灵感也会大大地推动创新的发展。"兴趣口袋"是为了提高自己对机会的敏感度而保持的思维方式。

"100 件想做的事情"

"我有 100 件想做的事情！"有一次一个员工写了 100 件

自己想做的事情，拿给我并说了这句话。只是这样倒也没什么，但他又说："竹林先生，你想做的事情还不到100件吧？"

这件事倒是引发了我的思考，我不由自主地说："大概有100件吧！"开始的时候确实是有"100件想做的事情"，但从2006年到2021年，已经是第15个年头了，恐怕数量也会有所变化了吧。

你可能会觉得写下100件"想做的事情"很难。如果全部按顺序写下100件事情确实很难，但是如果像思维导图一样去写，如列举"10本想读的书""10个想去的地方""10个想见的人""10样想吃的东西"时却发现如此的简单。

拿工作举例来说，"必须做的事情"是和上司为了目标管理而决定的，所以暂且不论，但可以写下"好不容易得到这份工作，通过这份工作来尝试一下这样的事情吧"之类的内容。

此外，如果你一直在独自出差工作，那么可以把"回家后和孩子们一起去看电影"纳入想做的事情之一。

在前面"一点WILL"中也提到过，不一定是"创造出能改变世界的商品"，"去见有趣的人"也非常不错。

写完之后放置一段时间，其实会记不清自己写了什么。完成了还是没完成都没关系，通过写下来这个动作可以梳理"自己想做什么"，这就是它的作用。

在写下大量"想做的事情"的过程中，有时也会发现"自己真正想做的事情"。从某种意义上来说，"100 件想做的事情"也是发现自我的方式。

这个"100 件想做的事情"其实我在全日本范围内都介绍过。我学生时代的一位朋友在《日本经济新闻》的专栏里写了"100 件想做的事情"的故事，并且提到了我的名字。

他是一家汽车公司的高管，在学生时代我们是一起做兼职的朋友。曾经我跟他说过"100 件想做的事情"，貌似引起了他的兴趣。他在专栏里写道，自己坚持每年写下"想做的事情"已经好几年了，虽然铆足了劲也只写出了 50 个，但这是一个面对自己的好机会。

我通常会在春节的时候写下"100 件想做的事情"，在这个过程中我发现，自己所写下的"想做的事情"中将近70% 都已经完成。

当然，也有没能完成的时候，但我并不会因此感到遗憾。如果做不到，就把它再次作为"想做的事情"写下来。

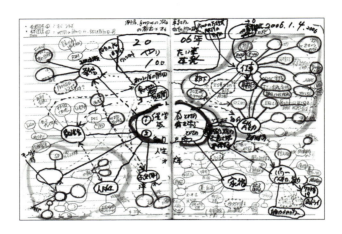

图 3-1　通过"100 件想做的事情"来思考 WILL，
　　 我的 100 件想做的事情的笔记

说到底，我之所以写下"100 件想做的事情"，就是为了在"机会之风"来临的时候，能在第一时间感受到这股风。

也许，同样的风也会吹到其他人身上。但是，提前把"想做的事情"写下来的话，就能很快发现"这不正是自己想做的事情吗"？

由此可以培养出创新的"一点 WILL"。

为什么向流星许愿
能实现愿望

为什么向流星许愿就能实现愿望呢？

或许你会觉得这听起来像童话和迷信，但我曾经听到大阪府立大学的前任校长辻洋先生说过这样的话，并感到恍然大悟。

答案就在于流星从坠落到消失的速度上。

流星从出现到消失只有几秒时间，转瞬即逝。所以还没等许愿，在思考 "该许个什么愿呢" 的时候，流星就消失了。

因此，关键在于 "经常思考要向流星许下的愿望"。

首先，因为经常想着许愿的事情，所以能在流星瞬间坠落之前许下愿望。

心中总是装着自己想要完成的事情的人，就能对着流星许下 "希望能够实现……" 的愿望。这样的人一定会为了实现这个愿望而制订计划，或是实际上已经迈出了第一步，所以其愿望一定会实现。这就是所谓的理由。

向流星许愿的故事与是否注意到"机会之风"有相通之处。

如果没有经常思考，那么流星只是转瞬即逝而已。"机会之风"也是同样的道理，当风来临之时如果没有注意到，那么也只是吹过而已。

重要的是开始做自己"想要做的事情"，就算是很小的事情也可以。就算没有很高大上的 WILL，不是也很好吗？总之，只要你开始尝试，就会产生下一步的行动。而 WILL，就是从这样的地方成长起来的。

就拿"和朋友一起去冲绳"来举个例子。如果真的去了就会有切身感受，说不定就会转变为"在冲绳开一家民宿吧"之类的 WILL。

如果刻意抱着"必须有想做的事情和高大上的 WILL""必须寻找 WILL"之类的想法，就会让自己痛苦不堪。

最后很可能会得出"自己没有 WILL"的结论。如果说寻找 WILL 有什么困难，想必就在这里了。

换句话说，WILL 并不是必须要去寻找的东西，而是每个人都已经拥有，并且通过各种各样的经历在自己内心中不断产生的东西。

只是它有时会体现为微不足道的小事，自己很难察觉到。因此，用"兴趣口袋"和"100 件想做的事情"等方式来整理思绪，并把它写下来十分有效。

说句玩笑话，我在累了的时候，会为了获取自然的能量而去登山，甚至我还曾入山修行。

那是我创办医疗保健相关的公司并被委托经营时的事情。当时整个人十分劳累，我就跟随一位叫星野的前辈入山修行。我们一起去感受了瀑布，半夜在山中漫步，在大自然中体验了修行。

在修行即将结束时，星野老师讲了一段话，其中有一句是"PDCA（计划—实施—检查—调整）应从'D'开始推进"。

星野老师说："现在的人做什么事情都会思虑过多。在实际行动之前就会考虑放弃的理由和风险，最后连第一步都踏不出。就拿体验入山修行一事来说，首先什么都不用做，想参加就可以了。"商业中有一个常用的框架，叫"PDCA"，一般认为正确的做法是从"D"开始推进。

事情不实际干一下是不知道其中的门道的。试试看，如果发现有问题就去检查，去调整就可以了。最重要的是，通过实施，可以看到计划阶段看不到的东西。

我做梦也没想到会从入山修行的前辈那里听到商业用语"PDCA"，但这对我来说是一个感触颇深的故事。

我认为"一点WILL"也是从实施开始的。比起一直思考"自己的WILL到底是什么"，不如先试着行动。行动之后自然会有新的发现。

空无一物
不刮风

"机会之风"会公平地吹向所有人。那风是随意吹来的吗？其实不然。风会吹向哪里也是有契机的。

也不是说"风吹草动，桶匠赚钱"，但在我看来，是从小事到大事的各种各样的因素交织在一起，然后凝成"一阵风"吹到自己身边。

举个例子，我曾经被拉进某项新项目，成了创始成员之一。这是我的第一个新项目。

我为什么会被拉进去呢？因为那个项目的一把手课长和

我在公司属于同一个部门，课长是部门的顾问，我是部员，我们一起打过篮球。

"既然你会软件开发，就到我们这里来吧！"

因为课长的一句话，我决定变动工作。这也可以称得上是刮来的"机会之风"吧。

但是，这些风中不仅有带来机会的"顺风"，也有"逆风"。

我在做车站检票项目的工作之前，一直从事网络控制器和预测系统的研究开发，彼时的上级与我的思维截然相反。

我是比较重视感觉的右脑型思维的人，而那位上司却是重视逻辑的超级左脑型思维者。他是那种连文章中的词语使用都要细细修改的人，没有商业的临场经验，而我多少有些现场经验，所以我们的意见和感觉经常不一致。

当时我的上司是部长，而我只是个系长。我们的意见不一致，以至于让被夹在中间的课长很烦恼，"该听谁的呢？"话虽如此，但对方是上司，我也不会当面反抗。

从我的感觉来看，社会和商业应该朝着某个方向推进，但因为无法用逻辑来说清楚，结果最后总是被部长的逻辑驳倒。

这样持续了一段时间后，我的内心不知不觉变得疲惫不堪，我开始对原本喜爱的工作感到有些厌烦。

这样下去可不行，于是我去了京都的南禅寺坐禅。既然改变不了上司的思考方式，那就要让我自己的胸怀更加宽广。

虽然我参加了几次早晨的坐禅，但并没有解决问题。仍然每天和上司产生矛盾，自己的状态也没有好转。再加上工作还特别忙，这样下去真就"糟糕了"。这个时候，我第一次去了心理医院。

我在医院待了3个小时左右。在诊断期间，我花了30分钟说明了自己现在的状态。然后，医生对我说了这样的话：

"竹林先生，你希望我为你做些什么呢？睡不着的话我可以给你开安眠药；如果想找人说话的话，欢迎下次再来。"

然而我所需要的不是安眠药也不是倾诉对象，而是改变自己现在的状态。于是，我觉得必须要靠自己来想办法解决。

风过之处
潮流来

然而我还是不知道自己应该怎么做。到了 10 月、11 月左右，进入了新年假期，因为无事可做，我就经常光顾附近的一家游戏厅。

当时，有一位"大叔"也每天来游戏厅。每次在游戏厅碰面，我们都会进行"这一台不错"之类的交流，自然而然地就成了朋友。

假期过后又开始了和往常一样的每一天。即使到了新的一年，我和上司还是经常发生冲突，我的身体状况也出了问题。

又过了几个月，我到东京出差。这时，我看到一个似曾相识的人坐在那一层最高的位置——那应该是部长或事业本部长坐的位置。

"那个人是谁？"我回想了一下，好像是在关西和我一起打弹珠的"大叔"。

"欸？怎么会？"一瞬间我有些莫名其妙。但是那个人确实是我在游戏厅认识的"大叔"。

我正好认识那个部门的课长，就问他："不好意思，我之前在关西的游戏厅里受到过坐在最上面的那个人的照顾……"。

于是，那位课长说"你跟我来"，就将我带到了那位"大叔"身边，并介绍道："部长，他说之前在关西的游戏厅受过您的照顾。"

"啊，是你啊！"

果然是当时的那位"大叔"。

他又问："原来你在我们公司工作啊。你现在在做什么工作？"我回答道在做网络开发和系统维护相关工作。

在这件事发生不久后，出于有必要加速网络化的事由，我被调到了"大叔"所在的事业本部，负责现场的改革和网络化，并逐渐接触大型系统的项目管理，推进行业标准化，开展新服务的业务。

对此，本书的责任编辑表示："简直就像漫画《钓鱼迷日记》一样！"在当时，从游戏厅吹来了一阵新的风，出现了新的缘分，才有了现在的我。这么一想，就会发现风并不是随便吹过来的。

相反，如果我只是坐在桌子前苦思冥想着度过一生的话，就不会有现在这样的人生了。

顺便一提，关于思维与我完全相反的上司和我之间的关系，还有一段后话。实际上我工作调动后负责超大型项目时，正是那位上司负责了外场支援。对此我真是非常感谢。

那时候我感觉到，人际关系中有一种恰到好处的距离感，只要掌握了保持距离的方法，即使是感觉合不来的人，也能以良好的距离感进行交往。

实际上，当我掌握了距离感，就也明白了两种思考方式都很重要。越来越能理解对方说的话，认为也有一定道理。

随后，我将以前上司的有逻辑的思考方式整理为笔记，这有助于提升和结合之后的右脑感知和逻辑思维。

进入公司工作后，也有过不如人意的人事调动。以前一位前辈对我说："人事即神事，不管是谁决定的，实际上都是天意。"这样一想，无论现在身处何地，都是因为有自己应该做的"课题"吧。

而且，风也不是吹过一次就结束了。新的风还会经常在我们周围出现。调动到别的部门对自己来说到底是好是坏？如果去了之后又吹来新的风，这个问题的答案就可能会发生

变化。

创新也是如此。总是找不到"新轴心"，或者像刚开始画画一样进展不顺利的情况数不胜数。但是，在面对被赋予的"课题"并采取各种行动时，就会发现如同"风吹草动，桶匠赚钱"一般，风从各个地方吹来，从中产生了新的潮流。

归根结底，重要的是，**当风吹来的时候，你是否能感受到它**。进一步说，能否乘风破浪将决定事情的成败。

创新来自"秘密组织"
——从封闭到开放

在日常工作中，提到"创新"这个词容易让人觉得是在大张旗鼓地推进某项工作。但是，从我的经验来看，**成功的创新都是从封闭的"秘密组织"开始的**。

例如，我的朋友中有一位建立秘密组织的高手。他会和持有 WILL 的人交谈后，在合适时机成立一般社团法人，并建立运作机制。他称之为 "秘密结社型商业模式营销"。

他举出 "日本炸鸡协会" 作为这个 "秘密结社型商业模式" 的代表例子。

该团体的目标是 "通过炸鸡实现世界和平"，它由喜欢炸鸡、认为吃炸鸡可以获得幸福感的人们组成。

一开始，这是个秘密聚会，由非常喜欢炸鸡的 IT 公司的老板、我的这位朋友、炸鸡粉公司的人，以及将炸鸡作为当地灵魂食品、对炸鸡了如指掌的人共同组成。他们除了都有 "想把炸鸡推广到全日本" 这样的 WILL，只在各地区和公司零零散散地进行聚会。

之后，他们成立了专属网站，作为一般社团法人被公之于世，一时间受到了广泛的关注。不久后，只要说起炸鸡，人们首先就会要求 "日本炸鸡协会" 来发表评论。不仅如此，还产生了日本炸鸡协会认定的商品。

最开始是日本炸鸡协会的会员亲手做的便当，后来赞助商和普通会员达到 18 万人（截至 2021 年 12 月），他们终于实现了自己最初想做的事情的 WILL。

在封闭的秘密组织中，他有一条铁纪，那就是 "在讨论现场，不能带入公司的上下级关系"。也就是说，无论是炸鸡粉公司的高管，还是在炸鸡店打工的学生，在"要把炸鸡的美好推广到全日本"的 WILL 面前都不存在上下级关系。

拿我自己举例来说，"幕后万博会"也属于秘密组织，另外以"IoT 时代的乐市乐座①"为目标而创立的 SDTM（Sensing Data Trading Market/ 传感数据交易市场）也是如此。

在物品与网络互相联系的 IoT 时代，我们身边设备上的传感器收集了大量的信息（传感数据）。然而，实际收集到的数据大多受限于各企业和团体之中。

于是，我开始了一个构想，"能不能突破企业和行业的界限，让这些传感数据自由流通，从而激活市场，创造一个让提供数据的企业和利用数据的企业都能获得利益的市场。"随后我遇到了一位知识产权部门的相关人士，他已经掌握了这样的商业模式，并申请了基本的专利。

其开始绝对不是大张旗鼓的。"要创造物联网时代的乐市乐座，创造出大量的新业务，让日本成为更具活力的国家。如果不创造出这样的世界，日本就会在世界上败下阵来。"这个项目

---

① 日本式的行业管理组织。——编者注

正是由那些拥有危机感和 WILL 的热血人士共同开启的。

"可以这样做吗?""可以那样做吗?"随着从各种各样的 WILL 中衍生出了各种创意,大家的讨论也在逐渐深入。

通过这样的活动,组织外部志同道合的人也聚在一起,作为成员共同成立了"一般社团法人数据流通推进协商会"。这个组织到现在已经进一步升级,与其他的协商会合并为"数据社会推进协商会",致力于推进日本未来的数字化进程。

志同道合的成员之间不存在上下级关系和利益关系。在"这样的话,我们承担的风险也太大了吧"的抱怨中是无法产生开放式创新的。

打个比方,与其在结婚之前讨论"离婚后如何分割财产",不如先考虑是否喜欢,能否实现同一个 WILL,这一点更加重要。

正因为如此,抛弃上下级关系就显得非常重要,让拥有热血 WILL 的少数人以秘密组织的形式聚集在一起,共同巩固和讨论 WILL。

在这样的场合中,可以交换建设性意见,如"我们接受这个条件,你们就按这个条件调整吧。""我们只有这一点不能让步,其他的都会想办法与公司内部沟通",等等。

并且这样一来，只要拥有 WILL 的人之间的想法一致，那么即使组织外部存在障碍，也可以在不断调整的过程中依靠自身的力量向前推进。

创新始于"秘密结社型商业模式"。

也就是说，**最初是持有 WILL 的人们聚集在一起，从"创造这样的世界"开始，然后又聚集了支持这个新世界观的伙伴和客户。**

在此影响下建立的机制，自己所属的企业当然也会赚钱。风一吹，各家"木桶店"都能赚得盆满钵满。

我认为所谓的"秘密组织"，并不仅仅是为了让自己的企业赚钱，而是建立基于自己 WILL 的世界观，让志同道合的人聚集到一起，建立一个让大家都能赚钱的合作机制。

"稻草富翁"科学化——创业者的思考过程"效果逻辑"

从 2019 年起，我作为京都大学经营管理学院的客座教授，负责"百年风险企业孕育之都研究会"。这一构想是希望研究从京都诞生及成长了 100 年的风险企业并构建出它们的结构。

"效果逻辑"（Effect of logic）是推进此项研究的基础，不是在一开始就设定出了目的，而是利用现有的技术，创造出新的可能性。简单来说，我将其概括为"稻草富翁"理论。

"稻草富翁"讲的是这样的一个故事：主人公是一个贫穷的男人，有一天他做梦梦见观音菩萨说"把你摔倒后第一个看见的东西捡起来，然后拿着它走路"。后来男人在旅途中摔倒了，并捡起了一根稻草。

男人拿着稻草走了一段时间，遇到了一只苍蝇。苍蝇一直在男人的脸边飞来飞去，于是男人将苍蝇绑在了稻草上。

然后他继续旅行，又遇到了一位背着哭闹不止的宝宝的母亲。宝宝看到来回飞舞的苍蝇后立马停止了哭泣。于是，男人把绑着苍蝇的稻草送给那位母亲，并得到了一个橘子作为谢礼。

就这样，男人遇到了很多人，在不断交换自己持有物品的过程中，他获得了气派的大房子和田地，甚至还收获了一位妻子，从此过上了幸福快乐的生活。

实际上，创立过多次新事业并大获成功的企业家（创业者）们在做决定时的思考过程与"稻草富翁"相同。从我的理解看来，将这个思考过程独立出来并体系化后就形成了"效果逻辑"。

"效果逻辑"是由印度裔美籍经营学者萨阿斯·萨阿斯瓦斯（Saras Sarasvathy）提出，其导师是诺贝尔经济学奖获得者赫伯特·西蒙教授（Herbert Simon），她将这套理论进行了体系化整理，使其最终成了众多优秀的企业家使用的决策理论，并作为近些年来的世界潮流之一受到广泛关注。

一般来说，商业要先制订计划再推行。例如开发新商品时，要先收集资料进行竞品分析和市场分析。而像这样从目的倒推来制订计划的思考方式，叫作"因果逻辑"（A causal logic）。

二者相比，"效果逻辑"是从现在能做的事情出发，从"我是谁，我了解谁"开始迈出第一步，而不是预测未来并进行控制。

打个比方，比尔·盖茨（Bill Gates）、史蒂夫·乔布斯（Steve Jobs）、杰夫·贝佐斯（Jeff Bezos）在创立新商业时，是否进行过缜密的市场分析、竞品分析呢？当然，答案是否定的。那么，以他们为代表的优秀创业家们都做了些什么呢？

首先是思考 "我是谁" "我想做什么" "我知道什么" "我认识谁"。在此基础上，思考 "这样的我可以做什么事情"，从能做的事情入手。

然后再遇到新的人，产生新的创意，如此循环往复，就会产生新的商业模式和创新。

萨阿斯·萨阿斯瓦斯将优秀创业者们共同的思考模式概括为手中鸟原则、可承受损失原则、疯狂的被子原则、柠檬水原则和飞机上的飞行员原则五大效果逻辑原则。

手中鸟原则就是利用手中现有的资源创造新事物，而不是目的导向。

可承受损失原则是指在创立新业务时，会先确定 "即使失败也能挽回" 的底线后再开始创业。

疯狂的被子原则，是将所有人作为合作伙伴来创造新的价值，如何进行双赢而不是如何对待竞争，这一点非常重要。

人们在发生意想不到的情况时，即使跌倒也不会轻易爬起来。然而，这种偶然会成为杠杆，推动商业的发展。这就是柠檬水原则。

通过将行动集中放在可控的活动中，获得好结果，这就是飞机上的飞行员原则。

那些多次创立新事业且大获成功的创业者们都是遵循着上述原则开展的商业行动。

一直以来，我们都是在"低价生产优质产品"的商业模式下工作的。在这样的时代，"因果逻辑"的思考方式发挥了很好的作用。但是，与其说这是一个没有答案的时代，不如说这是一个必须自己提出问题并寻找答案的前途未卜的时代。我认为"效果逻辑"，即从现有的东西来设想商业的思考方式在创新中更加有效。

第 4 章

创新落地需要"人的
参与、人的驱动"

CHAPTER 4

创新所需的"起承转合"四种类型的人才

"想要通过创新创造新价值,'起承转合'四种类型的人才不可或缺。"

近几年,每当有机会在公共场合发言时,我总会提到上面这句话。因为在我看来,要想进行创新,必须让以下四种类型的人才在合适的地方发挥作用。

起——从 0 到 1 的人才。

承——设计出将 1 变为 n 倍(10 倍、100 倍、∞ 倍)结构的人才。

转——在将 1 变为 n 倍的过程中制定目标指标,实现效率最大化和风险最小化的人才。

合——严格遵循机制运作的人才。

图 4-1 "起承转合"型人才的特征

首先，"起承转合"型人才可以在创新中创造新价值，他们可以大致分为负责创造的"起承"型人才和认真落实操作的"转合"型人才。

负责"转合"的部门拥有"人、物、财"，因此"起承"负责人需要考虑如何灵活运用"转合"负责人手中的资产（经营资源），从而加速创新。

但是，"起承"和"转合"往往会形成对立，导致在很多情况下无法顺利推进创新。

因此,"起承"负责人在完成创造后,最好考虑如何借助"转合"的力量,高效地运用操作。另外,作为"转合"一方的操作负责人,需要思考如何活用"起承"型人才带来的信息和机动力。

在我看来,创新就是"起承"负责人和"转合"负责人通力合作时的产物。

因此,不能片面地认为因为"起承"创造了新事物所以更厉害,或因为"转合"手握资产所以更厉害。

对于"起承转合"的类型,不存在"100%'起'型人才"或"100%'转'型人才",而是根据"起承转合"中哪个要素占比更多来判断。

理解了"起承转合"的机制后,就能在推进创新的过程中,轻松判断出缺少哪种人才,以及应该创建什么样的组织等。

我在大约七年前开始推行"起承转合"理论,提出该理论的契机是在和朋友的一次聊天中讨论了关于未来人才培养的话题。当时除了我,还有一位熟知企业人才培养和教育体系的朋友以及一位了解新项目的提案制度并建立了多项新服务与新项目的朋友。我们各自带了一位自己认为最有趣的朋

友，一共六个人，在能看到富士山的御殿场秘密基地对此话题进行了讨论。

当时一位成员提出了"起承转合"理论的概念。他提出以"起承转合"为切入点，去探索人才培养和组织改革不是很有趣吗？大家的谈话不断深入。从那之后的七年间，我一直遵循这个理论，进行着新项目的开发和业务构造的改革。

后来，在场的另一位成员，一位原本在大型企业做人才培养和客户关系建设的朋友自立门户，成立了一家名为"起承转合社"的公司，并开始做非常独特的培训项目。现在，我和他合作推广"起承转合"理论。

你的六项核心能力中 哪一项最厉害

接下来介绍创新的"起承转合"的各个阶段所需要的各项核心能力。

想象力、概念化能力、统筹能力、分析能力、执行能力和观察能力六项能力中,你最擅长哪一项呢?

图 4-2 "起承转合"人才的核心能力

想象力。人们灵光一闪,就能获得解决眼前问题的灵感,从 0 创造出 1。"想象力"来自旺盛的好奇心。平时多抱有好奇心,发生的各种事情就会在脑海中相互作用,从而产生意想不到的创意。它在起承转合中充当"起"的能力。

概念化能力。在产生创意的基础上,或在推进创新的过程中提出假说,这就是所谓的"概念化能力"。通过从全局的角度抽象化思考"××原本是什么",就能得到"新轴心"。这在起承转合中充当"承"的能力。

统筹能力。同样充当"承"的还有统筹能力。无论多么优秀的创意,如果不能让除自己之外的人接受,那么就仅仅只是个人想法。因此,统筹能力也是不可或缺的。构建一个令人理解且赞同创新的精彩故事,并将其传递给相关人员和关键人物。通过这样的方式吸引他人参与,进而推动公司和组织的发展,并与关键人物构建起关系网,这就是"统筹能力"的主要作用。

分析能力和执行能力是使"起"和"承"阶段产出的创意能顺利运作的核心能力,在起承转合中相当于"转"。

分析能力。如果说第二项概念化能力是在抽象化思考"××原本是什么",那么分析能力则是有逻辑地进行追问,并深入挖掘"为什么是 A,为什么是 B"。不重复,不遗漏,进行 MECE 分析①,将商业模式精细化,再制定 KPI②,将风险明确化。

---

① 全称为 Mutually Exclusive Collectively Exhaustive,意为相互独立,完全穷尽。——编者注
② 全称为 Key Performance Indicator,关键绩效指标。——编者注

执行能力。执行能力是指为了遵守 QCD，严格遵守规定的程序完成工程的核心能力。具体来说，其主要作用是在现场制订计划并执行实践。

观察能力。观察能力与执行能力一样也是为了保证 QCD，通过在现场观察项目的进展，判断是否与之前的计划产生变化或差异。

在实践创新时，并不需要一个人具备全部的六项核心能力。

例如，至今为止我创立了很多新业务，但我自认为并没有那么强的"想象力"，长期以来的经验锻炼了我的概念化能力和统筹能力，这两项算是我擅长的领域。因此，对于不擅长的领域，我招募了擅长该领域的人才来协助我一起工作。

不进行实践就无法知道自己的可能性。最重要的是，不要让臆想扼杀了自己的可能性。即使是先入为主认为自己"做不到"的事情，实践后反而变成了自己具备的核心能力，这样的例子不胜枚举。如果试过发现不行，也只是得到"自己不适合这种资质"的答案而已。

把不擅长的事情交给擅长它的人，用自己擅长的事情去

参与创新就可以了。

"起"是从 0 到 1 的 艺术型人才

了解了创新的"起承转合"理论后，接下来将分阶段进行说明。

"起"是指在创新中负责创造的人，其核心能力为"想象力"。这类人可以通过灵光一闪将 0 变成 1，从设计的概念来说，他们擅长"幻想设计"。

"起"型人才拥有艺术性的思考方式，**在不断试错的过程中，就能突破现有概念构想出新业务**。对于"起"型人才来说，思考新创意就相当于创作一件艺术作品。

相比于遵从自己所属公司的理论工作，他们更倾向于以包括公司外部在内的自己所属的社会团体（外部学会及团体等）的理论为依据工作。他们更倾向于展望十年以上的未来，比起马上就能实现的创意，他们更擅长描绘与开拓未来社会的蓝图。

在商业轴心发生变化并急需新轴心的当今社会,"起"型人才的"想象力"对创新而言拥有重要意义。

不过"起"型人才的感官具有艺术性特点,却往往缺乏进行说明的责任感。在"起"型人才看来,大概就是"一听就明白了吧"的感觉。所以他们经常会遇见"为什么这么有趣的事情都不知道"的情况。

对于出差,"起"型人才通常是说走就走。但如果遇上"转合"型的上司,上司就会出于"作为公司职员,理应得到上司的许可后再行动"的想法而感到莫名其妙,警告"起"型人才:"你在干什么!"对此,"起"型人才会一脸认真地回答道:"我为了搞清楚情况出差去了呀。"如果上司更加生气,"起"型人才就会直接辞职。

"起"型人才为了更好地发挥自己的能力,需要靠"承"型人才"描绘大设计的能力"来配合自己。"承"型人才从"起"的创意出发描绘大设计,再连接到具体的商业内容,这样一来,"起"型人才的能力才能得到更好的发挥。

"承"是描绘
大设计的人才

"承"型人才也在创新中负责创造。

具体而言,"起"型人才在思考问题时会预测 10 年以上的未来,而"承"型人才思考问题时则会着眼于业务即将开展的时间点,例如公司的中期计划(3 年)往后的时间段。

"起"型人才实现了从 0 到 1,而"承"型人才则是通过设计,将"起"型人才创造的 1 扩大至 10—100。

接着让我们重新定义其意义和概念。他们以"大设计思维"或"系统设计思维"来看待事物,擅长基于"新轴心"来描绘"新世界观"。

从设计的概念来说,他们负责"构想设计",同时具备"概念化能力"和"统筹能力"两项核心能力。

另外,他们还可以通过描绘大设计,运用"统筹能力"搭建引人共鸣的故事。

例如,"起"型人才产出的想法过于跳跃,以至于"转合"型人才难以理解。但如果描绘出大设计,就可以展开故事，让"转合"型人才也能明白"起"的想法。

在公司里掌握财政大权的是"转合"型人才的所属部门。**也就是说，"承"的作用是把"起"型人才产生的创意在某个地方进行转换，从而使得"转合"型人才也能理解，并思考能否拉动预算。**

在创新中，"起承转合"每种类型的人才都不可或缺，但我认为现在最缺少的是"承"型人才。当务之急是尽快培养"承"型人才，因为他们可以将"起"与"转合"联结起来，在"新轴心"的大前提下推进新的商业模式和组织改革方案等。

"转"是在从 1 到 N 的过程中实现效率最大化、风险最小化的人才

"转"型人才在创新中负责"操作"。也就是说，"承"型人才思考问题时会站在新业务刚兴起的时间轴上展望未来，而"转"型人才则会朝着既定的目标制订计划，并切实

地付诸行动。

在设计的概念来说，"转"相当于"功能设计"，其核心能力为"分析能力"和"执行能力"。

"转"型人才擅长"Why–Why 思考法"。这是一种非常有名的生产现场调整方法，这种方法就是对于一个课题反复问三次以上"为什么"，即"为什么是 A？"→"为什么是 B（A 的答案）？"→"为什么是 C（B 的答案）？"从而找出"本质性答案"。

"承"的作用是从"起"的创意设定"新轴心"，构思新结构，从而产生将 1 扩大到 10—100 的商业创意，而"转"型人才则是以此为事实基础展开分析，将其细致化。在此基础上，他们需要设定管理事业运营的关键指标，聚集经营资源，管理风险，同时制订业务计划。也就是说，为了不让优秀的商业模式成为纸上空谈，制订"怎样做才能不夸大、不浪费地实现收益化"的运营计划，可以说是"转"型人才的一大作用。

快速成长的风险企业经常出现信息泄露、品质问题等令人哗然的社会报道，这正是由于缺乏在现场严格监督的"转合"型人才而造成的。因此，很多海外的风险企业会在业绩上升期收购拥有优秀"转合"型人才的公司，或者将业务、企业全部外包给操作严格的企业，从而达到坚如磐石的效果。

日本的企业是由"起承"型的创业者和"转合"型的管理者共同发展起来的。如果你是一名长期在企业内部担任"转"的职责的专业人士，那么成为初创企业的"总管"，为世界做出新贡献，获得成就，或许也是一种不错的职业拓展方式。

"合"是最后严格
运行机制的人才

"合"型人才是基于"转"制订的计划切实执行操作的人。也就是说，"转"在推进事物时是以中期计划为基础，预测三年左右的未来趋势，而"合"则是思考如何好好利用当下的一年时间推进事物。

从设计的概念来说，他们相当于"具体设计"，其核心能力是"观察力"。"合"型人才的特点是每天观察现场情况，掌握"异常"和"危险"的情况。

我经常将"起承"比作"望远镜"，将"转合"比作"显微镜"。其中的"合"型人才的作用就是仔细观察现场情况，检查是否有异常，调整日常现场情况。他们以稳定不变的品质为顾客提供可靠的商品和服务，是令人安心的存在。

"起"型人才不分公司内外，根据社会团体的理论工作，而"合"型人才在公司内拥有很多人脉，因此按照公司的理论来工作。

看似完全相反的"起"和"合"，实际上关系出乎意料地好。"起"的核心能力是"想象力"，它来自旺盛的好奇心，而这正好与对世界的"观察力"相通。"合"的核心能力"观察力"也离不开好奇心。"起"和"合"在这一点上可能是相似的。

前面大致介绍了"起承转合"人才的特征。在现实中不存在 100%"起"或 100%"转"型人才。但可能有同时拥有"起"和"转"特质的人，或者具备全部特质的人才。

一直以来，不管原本属于什么类型，日本的商业从业者都肩负着"在原有轴心的基础上，切实提高工作成果"的

"转合"型使命。但这个人不一定是适合"转合"的人才，在很多情况下，他会受到周围的环境的影响，误以为"自己是转合的类型"。

在长期从事"转合"型工作的人中，应该也有不少"起承"型人才。实际上我曾听说过，某家公司会从内部的"转合"型人才中挑选看起来有资质的人，充当"承"型人才。还有一家大型 IT 企业的经营者表示，自己是在经历了"起承转合"四种类型的轮岗之后才当上社长的。

所以，首先试着从能发挥自己特长以及个人擅长的事情开始挑战吧。

由"起承转合"人才创造的日本高速成长期

如果用"起承转合"来分析那些为日本企业发展打下基础的创业者们，可以将大部分创业者归为"起承"类型。

在第二次世界大战后的废墟中，他们满怀激情，抱有

"要把日本打造成能与世界抗衡的国家，为此要在××领域成为世界第一"的梦想和情怀，努力去改变世界。

日本企业的有趣之处在于，负责"起承"的创业者身边必定有负责"转合"的总管。

例如丰田汽车的丰田佐吉和丰田喜一郎先生身边有石田退三先生，本田的本田宗一郎先生身边有藤泽武夫先生，松下的松下幸之助先生身边有高桥荒太郎先生，索尼集团的井深大先生身边有盛田昭夫先生等，这些人都是靠"算盘和执行力"来掌管现场工作的。

日本成长至今所依靠的机制同时具备了"起"和"承"的创业者创建了"新轴心"，"承"型人才为由此产生的商业创意设定指标，进行市场分析，制订具体的商业计划。当计划确立后，由"合"型人才来严格保证其 QCD 的执行与落实情况。一旦发现"在所属领域能够取胜"的地方，他们就会制定专门针对该领域的战略，一边严格管理风险，一边促进企业的成长。一旦确定了领域，只要保证"转合"的高效运转，利润就会增加。

就这样，日本企业通过让"转合"型人才有效地利用创业者发现的市场得以发展至今。但是，如果没有创业者，同样的方法使用 30 年、50 年，商业模式就会过期。所以像以前那样，仅仅通过制定业绩指标来谋求风险最小化，并非长久之计。

最近几年，"必须要创新""不能错过数字化转型"之类的呼声越来越高，我想其本质原因在于，"转合"式的传统商业模式已无法适应当今的经济环境。

通过"起承转合"研修培育创新型人才

我的朋友小柳津城创建了"起承转合社"，他非常擅长给人做分类。目前他正开展着非常独特的两天一夜"起承转合"理论研修班。

首先在研修开始之前，他会对参加研修班的学员进行"起承转合调查"，将每个人根据"起承转合"类型进行分类。其次，让学员在了解自己所属的"起承转合"类型后开展"Hot Spot（热站）研修"。他把如同东京迪士尼乐园一样聚集了很多人的地方设定为"Hot Spot"研修场地。假设在东京迪士尼乐园就会出现下列内容：

第一天让学员单独环游东京迪士尼乐园。虽说集体研修一般会让参加者有相同体验，但是在这个研修中，根据学员"起承转合"的类型不同，则会被赋予不同的课题。

对于"起"型学员：为东京迪士尼乐园策划一个新的娱乐项目吧。

对于"承"型学员：为东京迪士尼乐园寻找一个最佳合作企业吧。

对于"转"型学员：设计一个东京迪士尼乐园推荐"一日游路线图"情侣版、家庭版、个人版吧。

对于"合"型学员：更上一层楼！东京迪士尼乐园的改变靠你了！

在此基础上，将学员们关于课题的发现、感受的场所和风景的评论，都用手机发送给事务局。第二天全体人员进行评审。

第二天的评审是这个研修班的独特之处，十分有趣。学员们互相交换意见，能够轻而易举地理解并共享对方的"特点"。

而且，正因为这些课题都属于"特殊领域"，所以输出的观点数量多，质量也高。在评审现场，双方都能看到比自己的思考更有新鲜感的观点，这也是一次体会"起承转合"重要性的宝贵机会。

"起"有对未来事物、新事物的想象力，"承"有描绘大设计的能力，"转"的逻辑思考能力强，"合"有不放过任何细节的细微观察力，通过在同一场景中深入地相互理解，学员们自然而然地就会产生对伙伴的尊重，并希望能充分利用对方的特质。

例如对于"转"型人才来说，能感受到"'起'型人才拥有自己想不到的奇思妙想"。"承"型人才在看到"起"型人才的创意和"转"型人才的分析后，会产生"这个创意如果从这个地方入手会很有趣吧"的想法，从而发现新轴心。对于"合"型人才来说，可以从根本上发现迪士尼乐园的不足之处，如"这一点对游客或工作人员来讲不方便吧"。当"起"型人才听了这个想法之后会深感"他竟然能发现这么细节的地方啊"。

通过"起承转合"全体人员的讨论，可以产生横向的多样性和信息共享，从而相互碰撞产生新的东西。

如果是一般的研修班，假设主题是"理论分析"，那么就会让所有人进行理论分析的研修，与个人特点无关。对此我的这位朋友表示，比起逻辑性思考，"起"型人才更擅长通过跳出逻辑来创造新事物，如果强迫他们这样做不是很奇怪吗？于是他开始做起了刚刚提到的研修班。这真是合乎情理、趣味横生的培训啊！

没有交流的地方就没有创新

"没有交流的地方就没有动力，没有动力的地方就没有创新。"

我在第 2 章中提到了这句话，在做与创新有关的演讲时我也经常说这句话。这是因为如果跳过交流和动力，直接"进行创新"是很困难的。

为什么说没有交流和动力就无法产生创新呢？那是因为**在进行创新的过程中，任何人都可以表达自己的想法，就**

工作状况和自己关注的事情展开自由讨论，这种氛围非常重要。

在谷歌（Google）公司的 "亚里士多德项目"（Project Aristotle）研究中，"心理安全性" 这一观点受到人们的关注。这一观点最初是由哈佛商学院的艾米·埃德蒙森（Amy Edmondson）教授提出的。埃德蒙森教授在其著作《无畏的组织》（*The Fearless Organization*）中，对心理安全性做了如下定义：

一个人即使承担人际关系的风险，也相信所处的职场环境是安全的，我认为这就是心理安全性。也可以说是一种能够令人坦率地说出有意义的想法、疑问和担忧的经历的状态。心理安全性，存在于职场的同事之间能相互信赖、相互尊敬，并能够坦率地交谈（即使是出于义务）的情况下。

之前，我在朋友举办的交流会上提到过 "心理安全性与创新"，在网络上引起热议。

有了 "心理安全性" 就更容易产生新创意，在此基础上增加动力就会产生 "无论如何都要做" 的冲劲。因此，"心理安全性" 对实现创新非常重要。

那么，为了提高所谓的"心理安全性"，我在各种各样的项目中都做了些什么呢？

首先，要承认每个人的主体性。

在我还很年轻就创立了新事业的时候，经常被下属叫作"队长、队长"。这样一来拉近了我与下属之间的距离，客户也开始这样亲切地称呼我，于是我在名片上加入了"队长"一词。

虽然下属和客户对此反响很好，但当时人事部的前辈对我说："如果什么都能写的话，那么'征夷大将军'和'阁下'等什么也都可以用。但这样就会导致客户无法判断谁的权限最大，要不还是别印了吧？"于是这件事就此作罢。

后来，我认识了阪本启一，他当时在纽约做咨询顾问的营销专家。见他的名片上写着"DOD"，我问他："DOD是什么意思？"他回答说："是唐老鸭。比起米老鼠，我更喜欢唐老鸭的生活方式。"

另外，阪本先生公司的副社长由歌利也是一位十分优秀的人物，她的名片上则印着"GOC"的身份字样。当我问她"GOC是什么意思"时，她回答说是"点头团队负责人"。也就是不管遇到什么事情，都要首先"点头"接受。

我觉得这样的举措很有意思，就特意从纽约请来了这两位，并召集部门成员一起聊了聊。我让每个人都给自己加上3个字母，以此代表自己的生活方式或个人认同。顺便说一下，我的是"YDK"（干劲十足）。

在推行软件公司改革时，我也让近百名公司员工思考并给自己加上3个字母。通过3个字母就可以了解这个人的价值观和生活方式，就能理解"原来如此，所以他才这样做啊"。

当客户知道3个字母的事情后也非常感兴趣。有的就会问："这个是什么意思呢？"和这样感性的客户合作也非常愉快。

在软件公司时，有一位工程师给自己的标签是"TOB"，代表"大男孩"。虽然我不了解"大男孩"的生活方式，但大概就是"一生为工程师"吧。正因为如此，他不断学习着最新技术，丝毫不输年轻人。见完客户后他也高兴地表示："大男孩很受欢迎呢！"

但这样做并不只是为了受他人欢迎，而是为了承认每个人的主体性，从而拉近相互之间的心理距离，"心理安全性"

也会随之上升。这样一来，"我要更加努力"的动力也会相应增加。

"个人情商"和"组织情商"

我在建立新事业的过程中以及担任负责人后，**对如何让人行动起来，即怎样的心理机制会驱动人采取行动产生了兴趣**。于是我读了丹尼尔·戈尔曼（Daniel Goleman）的书。

如果说智商是人与生俱来的，是客观决定的因素，那么情商则会由于人身处的环境有所不同。只要你想提高情商，就能实现。

一般来说，所谓情商就是衡量你是否能够准确地理解自己所处的心理状态，是否能够理解对方的心理状态，以及是否有能力在相互理解的基础上调节自己情绪。

顺便提一下，我个人的情商是这样的：虽然我很有激情，对说服他人也很有信心和积极性，但我似乎很少有

"情感共鸣"。这意味着我不会被对方的情绪所影响。通过情商分析表明，我可以流露出作为一个人的温情，虽然看起来在听别人说话，但实际上没有听进去，而且倾向于"用激情来推动"。

所以我请了一个教练，起初他对我说话非常严厉。他说"现在不是用激情煽动的时候"。"假设现在现场发生了很严重的问题。这种时候，你不要用激情去带动大家，而是要下沉到基层，听听现场的人怎么说，后面再来谈你的宏图大志。"

对于我"缺乏情感共鸣"这一弱点，我的教练更严厉地说："别说达到平均值了，你简直就是没有情感共鸣，你真的是人吗？"但无论如何，我的"情感共鸣"数值始终无法上升。

虽然我存在这样的问题，但如果在我手下工作的二把手能够弥补这一点，组织就可以良好地运行，那么整个组织的情商就可以保持良好的平衡。

通过对情商的学习，我意识到如果只用激情来带动，可能无法很好地把想法传达给他人，甚至还会产生反作用。

但如果我失去了这个特点，我就不再是我了，这也需要找到一个平衡点。因此，我学会了根据对方的情绪来改变我的相处方式，是以热情的方式说话，还是亲切聆听、默默陪伴。

因此，在谈到组织管理和动力管理相关话题时，我经常说最好通过情商来了解自己容易展现出的倾向。

正好在我担任软件公司的代表时，开始对情商感兴趣，恰好我有一个朋友在做情商相关的教育培训，于是我尝试将情商理论应用于公司管理。

由于公司最初是一家软件公司，管理层的管理人员也是直接从工程师晋升课长、部长的职位。比起和人打交道，工程师与电脑打交道的时间更多，说实话，我觉得他们中的许多人不擅长与人交流。所以我把管理人员召集在一起，让他们做了情商分析，并逐一给我反馈，如"我的这个部分很弱"。

通过这样的方式，我在分析"个人情商"的同时，也对"组织情商"进行了分析，并将此运用到了管理上。例如，销售相关的情商与开发相关的情商特征就非常不同。

通过"情商"了解自己的特点，在某种程度上来说可以看到自己的界限，明确"超出这个范围自己就会不对劲"。

在当今这个充满压力的社会,很多人会因为人际关系和超负荷工作而失去情绪平衡,我认为从"守护个人内心世界"的角度来说,掌握情商相关的知识并无坏处。

"人的参与"
也需要设计

为了实现创新,我经常思考在公司的内部及外部"应该让谁参与进来"。并不是光让优秀的人参与进来就万事大吉了。

在推进项目或是在关键时刻争取预算时,的确应该让优秀人才担当重任。但如果想要推行公司内部的作风改革,就必须从现场入手。

首先不存在无缘无故就随意开展交流和随意提高工作积极性的情况。而且,如果你试图改变什么,必然会引发冲突。冲突则会产生光晕效应(即给周围带来负面影响)。为了克服这些问题,设计沟通和动力非常重要。

我们在第 2 章中讲到了"新轴心"是创新的出发点，实际上"创造轴心"和"设计沟通和动力"两件事是相辅相成的。

为了进行创新，还需要设计"人的参与"。思考和设计一个机制，使之能够与参与对象进行深入的沟通和交流，并使他们以高涨的动力发挥自己的能力。在完成这一系列操作后，就能够将冲突转换为创新的动力，不断向前推进。

从设计的角度来说，"应该让谁参与进来"这个问题也相当于动力设计，即"应该燃烧谁的能量"。**重点在于掌握"谁是现场的关键人物"，并为此人点上一把火。**

我在负责生产公司经营期间，为了提高现场的工作积极性，建立了"寻找马克莱莱"的机制，对此后文将会详述。

这个机制是从虽然平时不显眼，但一直在幕后努力工作的生产线和工作人员中挑选和颁发每月的 MVP（Most Valuable Player/ 最有价值团队成员），在选出第一批 MVP 后不久，这个持续亏损的生产公司就扭亏为盈了。

该机制之所以能取得成功，是因为它并不是"人为的激励"，而是设计一个机制，让现场的每个人都知道"有人在默默观察着你的努力"。

另外，**让人参与进来后，还要"从最易于燃烧的地方入手"**。例如，假设你有一个想在组织或团队中实现的愿景，但是你不可能让每个人从一开始就为这个愿景而兴奋，也不可能将所有人变成一个优秀的团体。无论你说得多么激情四射，无论有多少人会对你的热情做出回应、认真倾听，但也肯定有人会采取漠不关心的态度。

试图强迫这种"无法燃烧"的人燃烧，结果往往是徒劳的。就算让他们燃烧了，也会为此耗费太多精力，以至于浪费了本该用于其他事情上的能量。

重点在于，即便只有一个人也能点燃很多人的心，而不是减少"无法燃烧"的人的数量。我们无法强迫一个人改变想法，就像无法强迫马喝水一样。应该让其在适合燃烧的地方燃烧。只要让团队中的一部分人参与进来就可以了，动员无法燃烧的人则放到最后。因为当其周围的人都燃烧起来后，他就会受到环境影响而自发地开始燃烧。

应该给谁点上燃烧之火？在设计人的参与时，切记这个要点。

通过开放经营会议
减少矛盾

在推行软件公司改革时，为了更好地沟通，我们不再在会议室里召开经营会议。

这是因为一直以来，普通员工对经营会议的认知都停留在"某人在会议室里做了某项决定"。

在我看来，除人事相关事项以外的经营会议的内容都可以对外公开。因此，为了能让每个部门都了解经营会议上讨论的内容，我们决定采用视频会议的方式来召开经营会议，并转发到公司内部，以便每个人都能看到会议情况。

这样做的结果如何呢？在一次会议上，一名经理说："现在好像赶不上交货期，情况有点麻烦。客户那边很生气，但我相信总会有办法解决的。"当时是在公开场合召开会议，有一个年轻人总是偷偷地看过来。

于是我问他："有什么想说的直接说吧。"那个年轻人回答说："没什么。"接着就在我要结束交货期的话题时，他又再次看了过来。

这明显有什么事情啊,我就鼓励他说:"要是有什么想说的就说吧,不用顾虑其他。"于是他说出了自己的想法:"实际上,这个交货期在现场是很大的一个问题,但只有我一个人在解决它……"他的报告上报到系长,然后又上报给课长,不知不觉中,"必须做点什么"就变成了"可以想办法解决"。

"既然发生了这么大的事情,那就先停止其他所有的工作,全科室人员一起尽快处理吧。"我立即下了命令。多亏如此,我们总算在交货期前完成了任务,没有酿成大祸。

后来,我在创办一家与医疗保健有关的公司时也遵循了这一方针。

我没有设置社长办公室,而是在办公室的正中央放置了一张会议专用桌,用于召开经营会议。

这样所有人都可以了解经营会议的内容,如果出现了类似于软件公司的情况也可以直接发言。通过经营会议公开化,所有人都明确了管理团队的决策依据和内容。

这样一来,信息得到了更好地共享,一线决策的传播速度也得到了极大的提高。

这些事件让我亲身体会到:没有沟通的地方就没有动力,没有动力的地方就没有创新。

紧急情况时
鸣锣召集管理人员

在推行软件公司改革时，还发生了这样一件事。

发生紧急故障时，出现问题的现场需要通过邮件与其上司及相关部门沟通。"是谁的错？""由系统工程师来处理吗？""不，还是由开发部来处理比较好吧？"明明是聚在一起几分钟就能完成的事情，却没完没了地写邮件。

这个时候应该怎么做？我首先说："买个锣过来。"

我拨通了总务部长的内线电话，对他说："我想买个锣。"他说："您想要什么样的锣呢？"我回答说："什么样的都可以。"过了一会儿总务部长又打来电话："大概要花几十万日元，确定要买吗？""几十万日元得是多大的锣啊，敲一下整栋楼都能听到吧！"

最终，经过交流，我们买了一个铜管乐队用的便宜锣。

买这个锣的目的在于，当出现紧急问题时，可以鸣锣召集管理人员，当场迅速决定由谁来处理，以便及时解决问题。

如果没有及时处理，就会扩大影响，以至于难以收场。邮件的确很方便，但它并不是万能的。首先，我们需要打破以邮件为主的传统交流方式。于是我想到了"一鸣锣，管理人员就集合"的方式。

另外，由于会议开放化的实施，各位员工也能了解到管理层对紧急问题采取了何种措施。

这简直是一举两得。自从开始使用鸣锣，不仅改善了和员工之间的交流，管理层的处理速度也得到提升。这样一来，现场决策的传播速度也变得更快。甚至后来收到订单时也会鸣锣来通知大家。

寻找
"马克莱莱"

你知道法国足球队的选手克劳德·马克莱莱（Claude Makélélé）吗？

马克莱莱现在已经退役了，就算是足球迷可能也很少有人知道他了。实际上这位选手非常厉害。马克莱莱上场的时候团队战无不胜，但他不上场的时候团队的战绩就开始走下坡路。

"这到底为什么？"当时法国队的教练观察了马克莱莱的动作，发现他非常善于捡漏球并把球传给前锋。

在足球比赛中，很多人往往只会关注射门的选手。但是，是谁把球传给了射门选手，使其进球的呢？是马克莱莱。正是因为马克莱莱把球送到了禁区线，明星球员才能发挥实力。

我是从朋友岩堀祯广与他人合著的《叫了比萨店，就别直接回去！》一书中知道了这个故事。

前面赘述了这么多，简单来说就是**幕后力量很重要**。

在生产现场和工厂，有很多努力工作的人，但没有人会得到夸奖。于是在负责重建负债的生产受托公司时，我开始实施"月间MVP"制度。寻找并表彰我们公司内部的马克莱莱，MVP的M指的就是马克莱莱的M。

在公司里，被表扬的人基本上都是固定的，比如销售业绩突出的人就容易受到表扬。但我没有这样做，而是在管理人员学习会上，要求那些有资格评价下属的人"从工作人员和生产线部门中各提名一名马克莱莱，对他们在幕后的支持进行表彰"。

被推荐人员的范围并不局限于自己部门员工，生产线的管理人员可以推荐某位在上一环节的工程部门中默默努力的员工，也可以推荐下一环节工程部门中认真负责质检的员工，每个月都会让大家推荐在现场真正认真做事的员工。

这样做的效果如何呢？以前直属上司只关注自己部门的员工，但后来又多了几个管理人员，大家开始对职场中的其他人感兴趣，想知道 "是哪个部门的人在努力工作呢"？

这样一来，就会有人发现 "上一环节工程部门的这位女生总是帮助我们部门的员工。多亏了她在上一个环节认真地验货，我们的部门的工作才能取得成功" 等。

另外，当现场工作的员工发现除了自己的上司还有别的管理人员在关注着自己的工作后，就会变得更加有干劲。有人注意到你的努力，这是非常重要的。因为它扩大了欣赏你努力的人的范围，以前则只是局限于 "直属员工·主管" 的关系中。

大家心里都知道谁是该受到批评的人，因为大家都能看

到谁经常失败、经常迟到。但寻找受夸奖之人这件事却意外地艰难，因为如果不到现场就不知道具体情况。于是上级管理者开始下沉到现场，到自己或别的部门巡视观察。

此后，在第 2 章中提到过的那位女性员工获得了第一批马克莱莱 MVP 的表彰，她在零件管理部门工作，当客户来访工厂时她在入口处摆放了拖鞋。

由于当时公司处于亏损状态，所以仅仅颁发了奖状和鲜花给她，并没有给予奖金。虽然只是很小的东西，但也让现场的工作动力高涨起来。

首先，她周围的人开始说"太棒了吧""谢谢你"等言语。工作场合的氛围变得更好，现场越来越多的人开始说"那个人特别努力，值得表彰"。最后，全公司的交流变得更加顺畅、士气高涨，曾经亏损的公司也实现了盈利。

为了防止亏损的公司倒闭，必须要采取措施。而这是管理层面的责任，不是现场层面的责任。在我看来，一线人员在现场辛勤工作，即使公司处于亏损状态，也必须要肯定一线人员的辛勤工作。

要进行创新，就会产生冲突

当在吸引和推动人们基于"新轴心"进行创新时，有一件事你必须做好准备。那就是当你进行创新时，一定会产生冲突（Confliction）和负面影响（Halation）。

现在公司里的大部分人都在做操作方面的工作。很多公司都会专门针对最赚钱的业务制定 KPI，并通过管理风险来提高业绩。如此一来，与操作相关的"转合"型人才不断增加。

但所谓创新，就是改变传统的工作方式，因此当工作内容与以往不同时就一定会引起冲突。冲突本身是想法的差异，并不是坏事，但如果冲突越来越大，不能被很好地管理的话，就会开始产生负面影响。

但是，这时不要害怕。在实现创新的过程中，发生冲突和负面影响是非常正常的事情。

至今为止，我创立了很多项目，当然也经历过不少的冲突和负面影响。作为多个公司的代表，我在推行公司内部的组织改革时，甚至有人当面说"我们事业部不会出人的"这样的话。

反过来说，如果没有任何反对的声音或冲突，那就不是创新了。可能心里想的是做新事情，实际上只是在做既存轴心延长线上的事情罢了。但如果对于冲突和负面影响放任不管，我想可能不仅会无法继续推进创新，还会遭到更加激烈的反对，进而使人内心受挫吧。

因此在推行创新时，要提高沟通能力，适当化解冲突和负面影响，这一点十分重要。为此，需要具备由强大的 WILL 支撑着的动力。

换句话说，**"在组织中，存在着产生冲突、负面影响的力量，也存在着交流、动力的力量，哪一方的力量更强**？"

如果是产生冲突、负面影响的力量更强，那么不管你做什么都会被反对。而如果是交流、动力的力量更强，那么即使出现了少量冲突，也能找到办法解决它。

此时，可能会有些人说，"公司不理解我"或"我的上司不理解我"，但事实是，他们没有传达一个明确的信息来表示他们想做什么，或者他们没有动力从冲突中跳脱出来。

"没有交流的地方就没有动力，没有动力的地方就没有创新。"

如何建立能提高交流与动力的结构，如何设计引发创新的组织，这个问题非常重要。

跨越"起承"
与"转合"的对立面

在进行创新时引发的冲突中，最大的冲突就是"起承"与"转合"的对立。 所有公司都容易出现这样的问题。

"起承"是以延续既往业务的理论和分析为思考基础。因此，如果要建立事业，就要进行彻底的分析，预估风险，提高事业的精度。

如果它是既往业务的延伸也没问题，但一项新事业会有很多你不尝试就不知道的东西。所以无论你怎么分析，都不能断言它一定会成功。要是一定会成功的话，那么早就有哪家公司在做了吧。

综上，关键在于如何在"起承"与"转合"之间找到平衡点。

"起承"和"转合"都有道理。不是说这个领域是好是坏，而是要看它是全新的领域，还是原有领域的延续，或者根据不同的阶段会发生变化。并且"起承"和"转合"都对一直以来所取得的成果非常满意，所以双方都不想改变现状。

如果只是单纯地进行正面争论，只会引起冲突。即使强行坚持其中一方的意见，也会使对方留下遗恨。

因此，如果你是"起承"一方，与"转合"之间存在壁垒，**首先要考虑的是如何跨越它，而不是强行打破它。**

事实上，并不是说"转合"一方错了，他们只是有"转合"需要捍卫的东西，于是他们从这个角度出发表达自己的观点。因此，我一直在寻找对他们来说可以接受的点，将"起承"的观点换一种表达方式，**找到双方都能接受的"轴心"。**

"转合"式思考倾向于从现场角度出发，能够理解"在现有业务的延续中能做什么"。如果跟他们讲过于跳跃的与未来有关的话题，对于"转合"来说，只会觉得"你在用公司的钱做什么？请不要浪费"。

在现在与未来之间，将"起承"的观点在"转合"可以接受的时间轴上进行翻译并使其接受。换句话说，**要找到一种无须说教也能行得通的方法**。

当时，我为了跨界开展新事业，打算成立一般社团法人。但出现了一个问题。如果要从零开始成立一般社团法人，只要是大型企业，任何一家公司的决策权都在董事长的手里。也就是说，如果我要从零开始成立一般社团法人，就必须说服董事长。

在这种情况下，尽管我的商业思路还不清晰，但也要说服他们发起新的运动，开始建立新商业。说实话，无论放到哪个企业这都很难。

只是在这个案例中，我们无论如何都需要成立一般社团法人，并以此为契机，让各种人员参与进来，分享新的世界观，与政府合作，寻找新的业务，因此成立一般社团法人是必要条件。

后来，我并没有选择去说服大型企业，而是让两家风投公司成立了一般社团法人。因为对于大型企业来说，成立一般社团法人需要由董事长做决策，但进入已成立的一般社团法人就只需要得到本部长和部长的批准。我们的目的是在该组织中建立一个信息收集体系，所以没有必要特别在意一个大型企业是否是其创始成员。

由此可见，当你思考"我们如何才能跨越壁垒"时，就会获得答案。

在对方看来，
我们是"抵抗势力"

此前，"起承"与"转合"之间还碰到过这样的困难。

现在由于新冠肺炎疫情不断扩大，在线会议已经成为家常便饭，但我所说的事情发生在这之前。当时我难以协调日程去现场参加一般社团法人的协议会，于是风险企业提议通过 Zoom[①] 举行会议。

当时如果在某个大型企业提议通过 Zoom 举办会议，一定会有信息部门的人反对道"这样无法保证公司的信息安

———————

① 一种视频会议软件。——编者注

全"。但如果这个时候再去花时间说服信息部门就太费事了，于是我开始思考"如何克服这个困难"。

最后得出的解决办法也非常简单，我们让每个公司都买了一个外部协议会议专用 Pad，在不利用公司内部网络的情况下参加会议。

在实现创新时，一定会遇到冲突。这个时候，不要去反对和抵抗冲突，而是试着去思考"应该如何克服困难"，反而会有意想不到的好主意。从我个人的经验来说，条件限制越多反而越容易找到突破口。

而且，从你的角度来看，可能会觉得对方持反对态度，但反过来站在对方的立场上，他可能也不理解你在做什么。

的确很讨厌不是吗？就相当于自己好不容易通过安全技术保护了公司，但就是有不懂行的人试图挑战规则。如果允许那些人为所欲为，要是一名武士的话肯定就切腹自尽了吧。

"那么如何做才能既实现自己想做的事情，又能不让对方犯难呢？"当"推到壁垒"式思考方法无法找到突破口，于是我从站在双方的立场上思考问题转换为俯视问题。这样一来，就能找到"啊！原来可以从这里入手啊"的突破口。

碰壁时，
将三个方法化为己用

用蛮力破坏墙壁，往往会被巨大的力量反弹回来。但是，年轻的时候因为不懂这个道理，经常会碰壁。有过多次这样的经历后，我明白了三件事，即在碰壁时具体应该做什么。

第一件事是"**利用外部声音**"。

比如，有一个项目很有趣，利润也很可观，但由于未在公司内部得到认可，所以只能停留在测试阶段。

这个时候，如果有某位大人物对你说"你们公司做的这个项目很有意思啊"，这一"外部声音"就会变成一种外压，推动项目进展。

我的一位在某大型企业从事开放式创新的朋友就是如此。当时他所主持的项目收到了公司内部怀疑的声音，"你到底在做什么"。但是有一次，在与经济产业省的讨论会上，政府的高层和公司的管理层聚集在一起，提起了他的项目。

"你们公司做的开放式创新很厉害呢！"他说，当经济产业省的那位高级官员说出这句话的时候，他们公司在场的管理层愣了一下"是吗"，瞬间改变了对该项目的评价。

顺带一提，说到经济产业省，我们经营的一般社团法人也获得了他们的支持。

另外，利用"外部声音"的另一种方法是获取并提供"其他公司也可能采取行动"的信息。这对于迟迟不肯采取决策的公司管理层来说，相当于告诉他们"别的公司要抢先开展这项服务了"。

收集并提供决策所需的信息也很重要，比如对某项业务来说是去做的风险高，还是不去做的风险高，或者外界对它的评价如何。

第二件事是"寻找支持者"。

"寻找支持者"就是在公司内部建立后援团。从结果上来看，行事顺利的人基本都有"支持者"。在"支持者"的支持下可成大事。

对"承"型人才来说，"支持者"及其重要。这是因为在许多情况下，新项目的牵头者往往会受到来自公司内部和外部的逆风影响。

某大型企业的社外董事曾表示，"承"的角色本来就该由部长以上的高层管理人员来担任。如果自己做不到的话，也可以交给年轻人，但充当挡风墙，使他们不被逆风压垮是上层管理人员作为'支持者'的基本职责。

那么，究竟该如何找到"支持者"呢？这就需要在设计"新轴心"之初就考虑好要吸引谁参与进来。与此同时，对工作亲力亲为，通过工作来传达自己的 WILL 也很重要。由此产生共鸣，对方就会产生"他很努力，我应该关注一下他"的想法。

正如前文所述，"起承"和"转合"之间容易形成对立。因此，如果管理层中有"支持者"在"起承"和"转合"之间调节平衡的话，就能很好地控制"起承"方和"转合"方，使他们不争对错，共同完成企业目标。

就拿历史人物举例来说，我认为讲德川家康的"假扮支持者"这一经营策略就很厉害。因为，他在利用忍者发动信息战的同时，也控制了武士。

同时以两种不同模式运作团体的管理风格被称为"双模式管理"，如果一个组织的管理层中拥有"支持者"并加以培养，就会更容易建立起业务。

另外，在垂直组织中，一个部门负责人承担着掌管该部门的使命，无论好坏。因此，作为一个负责人，需要在尽力避免自己所属部门处于不利地位的同时，**培养"支持者"以平衡局势，或部门负责人自己从"支持者"的角度出发，在组织之间进行协调，这一点非常重要。**

第三件事是建立"第三空间"。

"第三空间"即"在公司内部行不通就到外面去"。通过尝试在公司外部工作，如成立社团法人或秘密组织，就会有新的发现。

泄露公司信息固然不可以，但如果仅仅是建立下一个业务交换意见，商讨共同理念，那么对双方公司来说都是个双赢的局面。

当跳脱出自己公司员工的身份，俯瞰整个局面时，就会发现"将这两点组合起来不就好了吗"！从而找到解决方案。

即使眼前面临困难，其实也有多个解决方法。**如果一味地以"逻辑对感性"的方式进行争论，只会让双方疲惫不堪。**

直接撞上去，只会被巨大的力量反弹回来。与其思考如何在争论中取得上风，不如多思考**如何掌握双方特点，找到共通点。**

最后站在
擂台之上的人获胜

虽然我长期从事各种创新工作，如建立新项目、成立及重整新企业等，但有时也会遇到进展不顺的情况。

在这本书的商讨阶段，责任编辑曾经问我这样一个问题："竹林先生，您有过放弃的时候吗？"我是这样回答的："**无论遇到什么事情，我都不会放弃。**"

可能会调整行事方式，但是我绝对不会放弃自己想做的事情。我会等待时机，或是对企划进行修改，想办法实现它。之所以这样做，是因为我相信"最后站在擂台之上的人才会获胜"。为此我会寻找所有的可能性。

我始终坚信自己想做的事情对公司有利，更重要的是，对社会有利。此时如果我被指派了必须要完成的工作，就算是与公司的命运有关，我也可能会拒绝。

我曾经也有过因为拒绝工作而被上司训斥的经历，但其实那也是不错的经历。每当遇到这种时候，**我会在快乐的工作和快乐地工作之间做出选择。**

我在工作的时候，**总是注意用第一人称说话**。也就是说，对于眼前的工作，我总是将"自己是怎么想的"作为工作的指针。

正是因为将第一人称作为工作指针，才能让我在实现目标的过程中，即使辛苦也要探索所有的可能性。反过来说，如果不以第一人称来工作，我这样的工作方式会非常辛苦。

不过，虽说我很重视以第一人称工作，但我坚决不会做对社会无益的事。不以出人头地为目的工作，我希望自己能坚持这样的以第一人称工作的初心。

第 5 章

在"新轴心"的
基础上继续实践创新

CHAPTER 5

正因为不是所有的商品和服务 都会成功——时机就是金钱

从一个人的 WILL 产生 "新轴心"，接着萌生出各种关于商品和服务等业务的创意，在吸引了许多人参与进来后，最终成了一项事业。

创新就是按照这样的过程向前推进的，但并不是所有的商品和服务都能获得成功。即使做同样的事情，也会因为时机的不同而出现进展不顺的情况。在我参与过的商品和服务中，也有面世时机过早的例子。

由此我认为，**重要的是让事业创意像潜水艇一样下沉，并选择适当的时机浮出水面。**

不过，虽说时机很重要，但创新并不是从无到有就能得到结果。由于观察事物的范围不同，这也决定了能否引起创新。

2014 年亚马逊公司推出的智能手机"Fire Phone"就是例子之一。"Fire Phone"是在可作为平板电脑使用的电子书阅读器"Kindle Fire"大火之后，该公司瞄准智能手机市场而开发的产品。但由于推出时机过早，很快就停止了生产。

单从"Fire Phone"产品来看，这个结果或许是失败的。但是在我看来，在此开发过程中积累的技术大概已经全部实现了模块化，这些技术在日后推出的"Amazon Echo"等商品的开发中还能得以运用。

因此，即使这个项目因时机过早而以失败告终，但不能忽视在此过程中积累的技术 A、B、C 和培养的人脉 D、E、F，并且从长远来看也有必要进行这样的设计。

于是，在该项目中积累的技术又发展成为不同的东西，从长期来看会产生多种利润，与当时的人脉或事物结合后可能会造就下一项业务。

创新中的
"千分之三理论"

"在水下准备 1000 只潜水艇,最佳时机时浮出 3 只。"

这句话来自我的一位"创新者"朋友,我们同在商业模式研究会,我认为这个关于创新的观点非常有意思。

商业领域中的"千分之三"是指 1000 次实践中能成功3 次就不错了,以此来形容新事业成功的难度。但在创新方面,正如他所指出的那样,"千分之三"不是确定论,而是时机论。

话虽如此,但没有必要单枪匹马地准备 1000 只潜水艇。例如,如果是大学的现有技术,就可以先观察,看准时机再进行合作。或者先给拥有先进技术和业务创意的初创企业投资,通过各种各样的方法集齐 1000 只潜水艇,静等浮出水面的时机。

不过,并不是想办法将潜水艇沉入海底就可以了,同时,也不排除该潜艇会有永远沉在海底的可能性。因此,"应该潜藏在哪"的战略非常重要,**这也是事业主干的**

"轴心"。必须在战略上改变"下沉的海域"和"下沉的深度"。

那么业务中的"海域"在哪里呢？我认为一个公司前进的方向就是"海域"，或者说是"自己的目标轴心"。研究开发的主题也是同样的道理。

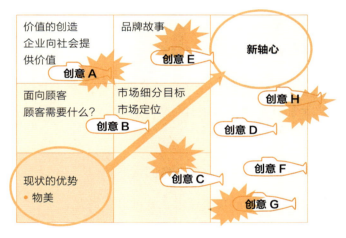

图 5-1　新事业成功的"千分之三理论"

新事业根据时机决定 1000 艘潜水艇的浮潜。例如，在同一片海域中，大概 10 年后成熟的技术应该被潜藏在深海中，而那些再有一年就可以孵化成业务或服务的技术就应该被潜藏在浅海中，这样一来它们就可以根据时机立即浮出水面。

而且，如果你有一张**"海图"**，用来说明现在处于哪片海域，在何种深度下潜着什么样的潜水艇，就更容易让周围的人理解你所做的事情。如果没有"海图"，潜水艇下潜或上浮时都容易产生冲突和负面影响。在没有海洋地图的情况下下潜，就会被经营方质疑，"你在做什么？"而在潜水艇上的人也会想，"要在水下停到什么时候呢？"

如果潜水艇在不合适的时机突然浮上水面，公司内部就会意见不断，"其他地方都没有过这样的事！"或者当有其他公司的潜水艇浮出水面时，公司内部就会产生质疑"为什么我们没有这么做"。正因为如此，在公司内部决定了应该去的"海域"后，就要一边观察社会的发展趋势，一边在合适的时机上浮那些已经在海图上标记过的潜水艇。

即便如此，也有失败的时候。但是，如前所述，不能简单地用短期的成功或失败来衡量创新。打个比方说，**创新并不是输一次就会被淘汰的淘汰赛，而是通过不断尝试而获得积分的循环赛。**

假设你上浮了一艘名为 A 的潜艇（新事业），但它并没有成功。这种时候不要立即进行下一步行动，而是要仔细观察结果，看看有没有其他积极因素。这样做可能就会发现

"潜水艇 B（新事业）怎么样"之类的新方向。

　　无论是多么优秀的人或企业，几乎都不可能一直成功。**不过，从点上看可能会觉得是失败，但从点连成的线或面来看，反而有积极影响。**也就是说，在很多情况下并不是一次的胜利或失败就宣告了创新的结果，而是通过无数次的挑战，最终取得成果。找到这种成果，可以说是创新成功的一大要点。

创新需要"忍者精神"

　　专注于 IT 领域研究和咨询的 Gartner 公司在 2015 年发布了程序开发中的**"双模"**（Bimodal）概念。

　　"双模"是指**"两种模式"**。"两种模式"中的第一种模式是指传统方法（模式 1），第二种模式是指新方法（模式 2）。"双模"就是采用上述两种模式来思考事物。

　　模式 1 又称为瀑布模型（Waterfall Model），即提前严格制定要求规范，根据要求进行程序开发，最后实现 QCD。到目前为止，程序设计大体上都是这个思路。

放到"起承转合"理论中来看，模式 1 属于"转合"型编程。换句话说，它的目标是准确无误地执行。Gartner 公司指出，模式 1 这种"转合"型编程，适用于必须严格遵守要求规范和 QCD 的程序。在我看来，这是一种不允许失败，如果失败了就必须切腹自尽的"**武士文化**"。

模式 2 为敏捷模型（Agile Model），也叫精益创业（Lean Startup），在"起承转合"理论中属于"起承"型编程。也就是说，模式 2 是边实践边思考，并且在思考的过程中会不断改变要求。因此，如果遭遇失败或客户反响不好，就会立即改变要求。这属于忍者型。

忍者会潜入对方的城堡，若被对方发现吹响"哔"的笛声，不会说一句"到此为止了"后就切腹自尽。相反，他会想尽办法活着回来，并带回"锁的形状不一样""监视的时机不对"等情报。

综上，"转合"相当于"武士文化"，而"起承"相当于"忍者文化"。

简单来说，就是要认识到，"起承"的特质对创新而言非常重要。一直以来，日本都打着"物美价廉"的旗号，在武士文化的引领下不断取胜。**但现在也到了用忍者擅长的"信息战"来获得胜利了吧。**

这里并不是在讨论武士和忍者谁更重要的问题。对创新来说，武士和忍者都不可或缺。但现在拥有"忍者精神"的人越来越少，所以说"起承"的特质很重要。

表 5-1　起承转合与"双模"开发体制

	模式 1	模式 2
倾向	重视稳定性	重视速度
开发方式	瀑布模型	敏捷模型
管理部门	IT 部门集中管理	用户部门分散管理
目标系统	服务运用	服务创造
重点	效率性、ROI	创新性、Return
强项	统率力、实效性	机动性、灵活性
形象化	武士 （领地、死守、失败切腹）	忍者 （敌区、探索、失败再来）

注：模式 1 是指一种重视稳定性的软件开发模式，适用于不允许失败的领域；
　　模式 2 是指一种重视速度，需要快速应对时代变化的软件开发模式。

如果全员都是忍者就会过于麻烦，而如果全员都是武士则会没有新意。对于"起承"来说，重要的是如何利用好

"转合"方，即"武士的力量"。而对于"转合"来说，重要的是如何利用好忍者所掌握的信息和机动力。

我经常说，今后的趋势是"武士和忍者都很重要"的"双模"式管理，而不是"忍者重要"还是"武士重要"。

例如，在为提供一项新服务而编制系统程序时，有时会采用"起承"型程序。这样一来，在刚开始的时候由于对这项服务抱有很强的机动力，所以进展会比较顺利。

但是，如果服务过于火爆，一下子增加了 100 万会员，可能就会出现信息泄露、系统崩溃等问题。

因此，数据库和系统部分的程序就需要采用模式 1 的瀑布模型方式来编写，也就是用"转合"型来完成。

"起承"型机动力强，适用于与客户对接的服务部分，"转合"型则适用于不能出现信息泄露问题的数据库和系统部分。无论在哪个阶段，如何保持这两种类型的平衡，对于维持项目实践来说都是至关重要的。

"灵魂出窍"
俯瞰项目全局

做项目的时候，首先要通过"灵魂出窍"来思考问题。

我做项目的时候一直将这句话谨记在心。当然这只是个比喻，我想说的是，从外部俯视项目，就像让灵魂脱离躯体的"灵魂出窍"一样。

例如，在与其他公司合作项目时，作为一名员工会从"自己的公司如何盈利""自己的公司会赢"的角度看问题，但这样一来最终只会与对方纠结于"输赢"这个结果。

思考问题时先抛开身份、职位等外部因素，即**通过"抽象化"来客观看待对方。**

抽象化也叫"上位概念化"。例如，我们将大量树木聚集的地方称为"森林"和"树林"。一般不会特意说"这里有柞树、栗子树和松树"，而是将这些统称为上位概念化的"森林"。

有句话叫"只见树木，不见森林"。抽象化看待项目时，不要拘泥于枝叶，而是思考要根干，即其本质。因此，**俯瞰**

全局十分必要。

从外部俯瞰全局，就可以基于社会所需的价值产生公司创意。这个创意不是为了争夺小蛋糕，而是为了共创并得以拓展。

"灵魂出窍"也可以叫作"在具体和抽象之间切换"，在项目中就是"现场和整体"的关系。

就像我前面提到的那样，所谓在"具体与抽象"的概念中来回切换，就是通过俯瞰现场，将切身感受到的事物抽象化，从而"创造新轴心"。此外，通过有意识地在"现场和整体"中来回切换，有助于我们调整项目偏差，使之与公司的总体方向保持一致。

"灵魂出窍"只是一种比喻，最初是仿佛轻飘飘地在空中飞。飞在空中时，可以看到比现在所处位置更远的地方。因此，如果看到前方有山崖，或者发现冒烟的话，就立即回到现场采取措施，或者改变前进的方向。然后继续回到高空，观察前方，就这样来回反复。

如果没有这种飘在空中俯瞰事物的感觉，就看不到现在经手项目的前景。如果不知道前方有山崖，就只是一味地着眼于项目本身开展工作，那么就很可能会坠崖。因此，这种切换对项目来讲至关重要。

日常进行"灵魂出窍"是非常有益的，当项目中出现"大事不妙"的苗头时，我们就能立即回到现场全力解决。

但是如果一味地专注在现场的话，就无法俯瞰整个项目。所以等现场平稳运行后，需要再次"灵魂出壳"，从外部观察项目。

通过"灵魂出窍"，还能发现过去没有注意到的自己公司的优点和伙伴企业的优点，以及更好的合作方式。

说到这里，可能有人会问："竹林先生，请问怎么做才能让'灵魂出窍'呢?"

我一般通过这几种方式来"灵魂出窍"，比如像蒲公英的白色绒毛一样随风流转各地，去结识各个行业的人士，与外部世界保持多种联系等。

跟很多人交流时我发现，与我而言"这是理所当然的"事情，他人却认为"这有点奇怪吧"。

例如，公司的战略不仅仅是我自己作为一位员工的想法，而是很多人共同的构想。因此在"主观和客观"与"现场和整体"的来回切换之间，就实现了"灵魂出窍"。

如果每天乘坐同一班地铁，行驶在同一条铁轨上，可能就会先入为主地认为"世界就是我眼前所见的景色"。这样一来，就无法从"个人框架"和"公司框架"中跳脱出来，也就无法产生推动项目成功的突破之力。

用三年半征服
东京地图

今后车站将会成为"街道的入口"。因此，车站应该和街道联动，发布车站周围的信息并赠送商业街的优惠券，主动展示街道的魅力。这样一来，街上的人就会增多，乘坐铁路的人也会增加，铁路公司的业绩也会提高。刚开始建立铁路业务时，我走访了各个铁路公司，提出了上述的建议。

有一次我带着这个提案拜访了东京一家叫 A 的电力铁路公司。当我说完一系列构想后，对方说："竹林先生是京都人吧？不了解东京怎么能谈论它的街道呢？"

我震惊了，的确，我所做的不过是在脑子里想。于是我决定要对街道变化非常了解，以至于能让东京人都大吃一惊。随后我开始走遍了 A 电铁沿线的所有街道。

当我亲自走遍了全部沿线后，我不仅知道了这条铁路上的每个车站有什么，还弄清楚了这是一条什么样的街道，有什么样的人，有什么样的商业街。这让我意识到，我的提案所欠缺的正是这种真实感。

例如，"这个车站附近有优质温泉以及有趣的祭祀节。如果将这些发送给大家，一定会有很多人乘坐火车到访，从而搞活商业街"。这样的话术可能会更加引起铁路公司的兴趣。

后来我每次去铁路公司商谈前，都会将那条铁路线再全走一遍。

结果是对方非常惊讶："我记得竹林先生是京都人吧？怎么会这么了解东京！"

我本来就喜欢走路，所以并不觉得劳累。但在沿着铁路走来走去的过程中，我发现如果没有地图就不知道自己走了多远。

这时，出版社的地图帮了我大忙。地图以宽 4.2 千米、长 2.1 千米的区域为单位，将东京划分为 314 个区域。于是，我就将自己走过的区域在地图上涂成红色。就这样，当我将地图上的沿线区域涂满之后，我注意到还未涂色的是没有铁路的区域。

羽田机场周围的区域我就没有走过。

或许是作为一个工程师的职业病，314 个区域中只要有 1 个没涂上我都会觉得不舒服。当时我找了很多途径，想了很多方法，最后在一位羽田机场的工作人员的帮助下完成了走过这个区域的目标。

由于时刻心心念念地图上的空白处，我为了填补空白一直在坚持步行，最后征服了 314 个区域，总共耗时三年半。

那时学到的东京地理知识我到现在还记忆犹新，无论是在工作中还是生活中，那些知识都对我很有帮助。

例如，在商谈或聚餐等场合和初次见面的人交谈时，只要提到站名，我就会说："您说的地方在 ×× 超市附近吧？""那里以前有个叫 ×× 汤的浴池，现在还在吗？"

于是对方就会说"您可真清楚啊"，我们的谈话也更容易展开，很快就成了朋友。正因为整个东京我全部到访过，哪个车站附近有什么样的店，街道的氛围是怎样的，只要一提到这些，相关的信息一下子就能浮现在脑海中。

在上一节中提到了"通过'灵魂出窍'在现场和全局之间切换十分重要",所以了解现场情况对于项目来说不可或缺。如果仅仅着眼全局，那么也只是观察整体情况罢了。

亲身感受现场的情况是创新的基础。正因为有了这种切身感受，创新才不是纸上谈兵，而是脚踏实地的落地。当我一只手拿着地图，徒步征服东京的时候，我再次感受到了它的重要性。

"赚钱方式" 也有策略

正当我涂满整张地图，靠双脚征服了东京的街道后，碰巧与该地图出版公司有了合作。于是，我和当时的社长在Hotel Okura吃了个饭。

向社长做了自我介绍后，我拿出了那张涂满红色笔迹的地图说："在谈业务之前，我想给您看一样东西。"接着我拜托社长："它已经全部涂满了，可以麻烦您帮我签个名留作纪念吗？"他还真的帮我签了个名，并表示："我还是第一次在自己公司出版的地图上签名。"

当时聚餐时说的这些话我到现在还记忆犹新。"竹林先生，你认为我们公司应该怎么做才能在近期内实现盈利呢？"我回答道"我不知道"，于是他说了下面这些话：

在制作地图时，我们不断收到大公司的咨询，如"为什么上面没有标注我们公司的总部""请把我们的店铺也放进地图里"等。

对于这些咨询，如果作为广告收取费用后将店铺或公司的信息刊登在纸质地图上的话，近期就能赚钱。但社长表示他并没有这么做（如今，总公司信息和门店信息已经实现数字化，定制地图作为一种符合目的的新型地图机制，成了一项业务）。其原因在于，如果收取费用，根据对方的要求绘制地图，那么这张地图就会变得晦涩难懂。对于地图购买者来讲也不方便。因此，他们公司的地图里仅仅只放地标性建筑。社长说："我的经营哲学就是'我们希望这张地图的使用者永远不会迷路'。"

听了这些话后，**我明白了赚钱固然重要，但盲目赚钱并不可取。赚钱这件事也需要有策略。**

轨道旁边
也有路

每个人都乘坐行驶在同一条轨道上的列车，如果不乘坐同一辆列车就无法到达目的地。对于人生，我想大部分人都是这么想的。

但传统的交通商业模式早已不适用于当今时代。正因为处于这样的时代，我认为没有必要和别人共用同一条轨道、同一趟列车，甚至都不需要使用轨道、列车。

我这里所说的"轨道"，指的是职业生涯的一般路径。"列车"则是你一直以来持有的价值观。对于长期乘坐同一趟列车并行驶在同一条轨道上的人来说，大多数人会认为自己只有这趟列车和轨道可走。

我的情况应该说是幸运的，我从建立新事业到重整业绩不佳的公司，基本上每三年就会有一次偏离轨道，或从乘坐的列车上下车的机会。

下了车后，你原本乘坐的列车就离开了。这时你才会意识到，事情并不是按照你一直以来的价值观来运行的。

下车，偏离轨道，每一次经历都让我意识到工作和人生不止一个正确答案。这样一来，随着经验的不断累积，关键时刻的对策也会增加。这种意识也会在接下来的工作中发挥作用。

另外，下车后你会发现，其实轨道的旁边也有路，或者会有公交车，或者在不远处的车站有新的列车在等候着你。

但如果你先入为主地认为只有一条轨道，只有一趟列车，那么就会苦恼于"如果偏离了这条轨道该怎么办？""如果从这趟列车上下车会变成什么样？"或者强行让自己"以最高速度在这条路线上行驶"。

你可以通过下车或偏离轨道来判断列车或轨道的终点站是否是自己的最佳目的地。当我们乘坐同一辆列车、行驶在同一条轨道上时，就很难会意识到这一点。

前面提到了蒲公英理论，其实轨道也是相同的道理。即使和大家行驶在同一条轨道上，也有可能偏离轨道。即使和大家乘坐同一趟列车，无论你是否愿意，有时也会下车。但这一切都不是结束，而是新的开始。

从惠比寿走到滋贺
发现的"四件事"

"工作得很开心，所以不需要休息。"

多年来，我一直认为没有所谓的工作与生活的平衡，工作几乎等同于生活。但是后来发生了一件事，改变了我的工作观。

前面提到了公司的"长期休假"制度。成为管理人员的第六年，我获得了三个月长期休假的机会。但当时的我一心扑在创立新事业上，根本没考虑过休假的事。

就这样拖到了第七年、第八年，就在第十年的某一天，人事部同事给我打来了电话："竹林先生，你不需要这个休假了是吗？"

虽说在此之前我没有考虑过休假的事，但如果仅凭一个电话就失去我好不容易获得的休假，那就太可惜了，所以我决定休假。

幸好当时新事业在某种程度上已经确定了"事业轴心"，工作任务逐渐清晰。并且我的上司，公司总裁也批准了我的休假申请。

但由于这次的长期休假来得有些突然，所以我完全不知道这三个月要怎么安排。这时，我突然想到要不就安排一次徒步，从当时所在的工作地东京惠比寿走回家所在的滋贺。

第二天，我在电话里跟妻子说"我获得了休假，现在打算步行回家"后，就开始了徒步。从惠比寿出发，途经藤泽、小田原，沿着东海道一直往下走。

我第一天晚上歇在了藤泽，第二天到了小田原，第三天一口气翻过了箱根山。

箱根山特别难走。一开始，我沿着箱根山竞走接力赛时选手们走过的地方前行，但坡道陡峭，而且当时正好是 6 月左右，还下了雨，整个过程十分艰难。就像人们所说的"箱根山乃天下之险"一样，这里果真是日本最难攀登的地方。

其次，走在身边不时有飞驰而过的汽车的路上很危险。不过也情有可原，毕竟谁也不会想到这样的路上还有行人。

要是在这种地方被车撞了就完了，于是我在去箱根的途中转道旧东海道，但情况并没有好转。因为旧东海道是石板路，路上长满青苔，并且非常湿滑。我穿的是屋久岛登山专用鞋，虽说没有摔倒，但一直提心吊胆，心想"要是在这种地方失踪了找都找不到吧"。

最后，我花了一天时间从小田原出发，穿过箱根到了三岛，并给我一位在三岛工作的同校学长打了电话："如果我从惠比寿走到三岛，你可是要请我吃鳗鱼哦！"那天晚上，我们一边吃着鳗鱼一边聊旅行中发生的事。

我一路沿着东海道走到由比（静冈），直到现在我还记得当时走进一家咖啡店时的情景。

当时我背着登山包，身穿 T 恤和登山靴，店内工作人员主动上前询问："请问您这是什么状况？"我回答道："我是从东京走回滋贺的。"然后好像吃了一份咖喱炒饭。

吃完饭准备结账时，对方竟说"不用付钱"，接着又说"麻烦您稍等一下"，然后从屋里拿出了包装好的点心送给了我。

他听了我的话，以为我被裁员了，没有钱回到滋贺，所以只能走着回家。这件事情让我感受到了人间温暖。

后来，我接连经过藤枝、大井川（在桥对岸两千米处）、挂川、滨松、吉田（丰桥）、冈崎、宫、四日市、关、土山、草津，最后抵达大津。经过大约 450 千米的长途跋涉，我终于到达了滋贺的家。

现在从东京到京都，乘坐新干线单程车票 13320 日元（当时是 12670 日元），耗时三小时。如果步行的话又要花多久的时间呢？反正我回家总共耗时 16 天 15 夜。

虽然住得很便宜，但一想到以后不会再来这个地方了，我就会去吃当地最好吃的东西，因此花了将近 40 万日元。被妻子大骂一通，"让你大手大脚！"的确，到现在也没有还上那时候的钱。

在东海道走了 16 天 15 夜的过程中，我翻越了异常艰难的箱根山，也感受到了人间温暖，走着走着，我的头脑越来越清晰。这是一种"跑步者的愉悦感"（Runner's high），更准确地说，应该是"步行者的愉悦感"（Walker's high）。

在此过程中，我一边走一边思考"我到底为什么而活""我为什么进入现在的公司""我想做什么"等。当时我身上携带了《修身教授录》这本书，作者是被称为"国民教育师父"的哲学家森信三。书中记录了他在大阪天王寺师范学校（现大阪教育大学）的讲座内容。当时我听别人的推荐，将这本书装进了背包。到了晚上，我就在旅馆读《修身教授录》，白天就一边走路一边思考"我到底为什么而活"的问题。

首先想到的是，在步行的过程中我会从大自然中获得能量。然后带着积累的能量去公司工作。在工作的时候，会发生好事，也会发生坏事，我将从中获得的见解形成体系并向外输出，希望接收到信息的人能够因此获得能量。获得能量的人又将能量回归自然，我通过自己的能力推动了这条能量循环回路的建设。

通过上述活动，我还发现了"四件事"，即"私事""仕事""志事""使事"。

"私事"指的是自己可以从中获取能量的事情。拿我个人举例来说，我一般能从逛街、爬山、山中修行等活动中获取自然能量。

"仕事"指的是职业和职务。我的"仕事"是确定轴心，创造新的世界观。

"志事"指的是激励人心的事情。"秘密结社"式活动就是其中的代表之一，志同道合的人在好奇心的驱使下相互学习，输出见解。

"使事"指的是被赋予使命的事情。于我而言，就是培养和重新连接那些让社会热血沸腾的"耀眼人才"，并创造世界上尚未存在的新的社会体系。

对你来说这"四件事"分别是什么呢？发现它，挖掘它，你就一定会成为一名创新者。

四件事

私事：自己可以从中获取能量的事情
仕事：职业和职务
志事：激励人心的事情
使事：被赋予使命的事情

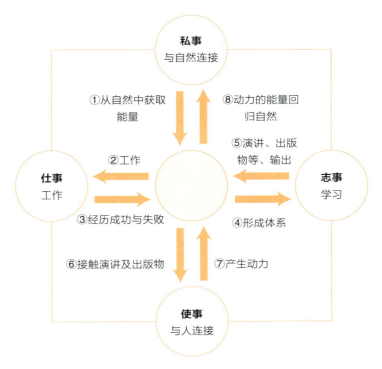

图 5-2　我设计了自己的 Life Model（生活模板）

所有业务都是自己的设计"作品"

正如前面所提到的，我如同蒲公英的绒毛一般被随风吹走，在这个过程中创立新项目、重整公司，经手了多项业务。

目前，我正在打造"物联网时代的乐市乐座"业务，旨在用数据改变世界。并且作为京都大学经营管理学院的客座教授推进项目。

然而，我并不是一开始就把职业目标放在现在的工作上，我原本是想成为一名设计师。我曾报考过美术大学，但没考上。当时我甚至考虑过复习一年再次报考美术大学。但由于父亲去世得早，独自一人抚养我长大的母亲说："要是今年能想办法上个什么学校，家里还能凑够你毕业前的学费。你再想想吧。"于是我只好改变了主意。

这时计算机学院进行了二次招生。虽说现在有很多大学都开设了计算机系，但在当时可是屈指可数。在好奇心的驱使下，我想着先进去，后面再想办法转到美术系，就这样上

了大学。

后来，我学习了编程语言，每天沉浸在编程的世界里。可能这个专业很适合我，我感到非常有趣。

就这样我进入公司，开始从事程序员和软件工程师的工作。

其实刚开始工作的时候，我认为"绘画和编程其实差不多"，因为它们一开始都需要描绘"大设计"。

在绘画或做设计的时候，一开始都需要思考"画一幅什么样的画""要进行什么样的设计"的问题。编程也是同样的道理，最重要的问题就是"要制作什么样的程序"。

这在计算机领域里被称为"架构"，如果能搭建出一个完美的架构，就能够降低程序的工时，之后的维护也会变得更加容易。

因此，"绘画"和"编程"的唯一区别就在于"要做一个什么样的东西"，也就是顶层设计。

虽然这么说有点奇怪，但意识到这一点后，我开始将所有自己经历的业务看作是我的"作品"。

例如在重整生产公司时，所有工作人员都非常努力，但却没有得到回报。在我看来，这是因为事业的"大设计"出了什么问题。也就是说，轴心发生了偏移。

于是，我重新设计轴心，提出了"生产公司就是旅馆"的新轴心。在这个想法深入人心之前，我所做的只是不断地说"旅馆、旅馆"。

但是，并不是说我作为重整事业的负责人摇旗呐喊就了不起，我只是在其中担任了社长的职务。

在"生产公司就是旅馆"这一"大设计"中，每个人都各司其职。每个人都发挥出各自的力量，使得生产公司作为"旅馆"重新运转起来。我认为这也是一种设计。

对我来说，经此设计而来的公司并不仅仅是一个公司，更是一件"作品"。

回顾过去，自从我受"将机器能做的事交给机器，人类应该在更有创造力的领域享受活动"这一理念的鼓舞加入欧姆龙以来，我的职场生涯一直是在创造"作品"。今后我也将继续创作让大家为之兴奋的"作品"。

人不是为了呼吸空气而活

"企业追求利润和人进行呼吸是一样的道理。但人活着就是为了呼吸吗？答案是否定的。"

在我几十年的商业生涯中，遇到过很多管理者，看过几百本书。在那些经营者所说的话中，我最喜欢的就是出自欧姆龙创始人立石一真先生的这句话。

没有利润企业就无法存活。因此，企业为了提高利润，要不断开发新商品，拓展销售渠道，提高业务效率。就像人类需要空气一样，企业存活离不开利润。

但这里我希望大家思考的问题是，"企业存在的意义就是为了提高利润吗"？

立石一真先生认为，企业存在的意义不仅仅是为了赚钱。

那么，企业存在的意义是什么呢？

简单来说，企业存在的意义是为了给世界、人类、社会做贡献，"赚钱"只是达成目的的必要资金。也就是说，企业本质上具有公益性。

立石一真先生的如下理念至今仍是欧姆龙最重要的方针。

用我们的工作

提高我们的生活

创造更美好的社会

我们可以通过各自的工作，快乐地改变世界。我们可以创造更美好的社会。我相信，这就是创新的意义所在。

很多人觉得不可思议，像我这样经常出现在各种场合，参与多个项目的人，竟然会一直作为公司职员待在同一家公司。

但在我看来，在一个有理念的公司里为社会工作很有意思。我可以解决棘手的社会性课题，而且我可以直接调取资金去做。最终，这些工作也将成为自己的"作品"。

致 谢

感谢你读到最后。

我不是非常成功的企业经营者，也不是快速成长的明星风险投资公司的首席执行官，更不是著名的学者。我只是一个普通的公司职员，在很多人的帮助下，一步一步走到今天，有幸在此总结了自己的经历。

正因为如此，我希望这本书能够引导大家，让每一个普通的人都能迈出第一步，让每一个普通的人都能掀起"变革"。

有一句我非常喜欢的格言：有缘之处必有路。至今为止，我得到了来自经营、服务、市场营销、情商等各个领域的杰出老师不计得失的指导。此外，我还从不同公司、年龄、性别以及职务的众多人士那里得到了启发和建议，他们还为我介绍了许多优秀的人才。

在岛津清彦社长的邀请下，我参加了一个活动并发表了"心理安全性"的演讲，有幸被媒体报道，获得了乐天大学校长仲山进也的评论："这位先生真有意思！"一时间广为流传，机缘巧合之下被本书的编辑川山聪先生看到，川山先生找到我洽谈出版合作事项。这简直就是"有缘之处必有路"的生动写照。

感谢本书团队的川上聪先生、田俊男先生，我司的北村阳子先生等多方人士为本书的出版工作提供帮助。

感谢本书提及的川上浩司先生、辻洋前校长、星野先达、阪本启一先生、由歌利女士、小柳津诚先生、岩堀祯广先生。

感谢所有与本书出版相关的人士、同事，以及为我"蒲公英人生"提供了大力支持的家人。

也感谢正在看这本书的你。

我将会为每个人的梦想加油。

竹林一